M&A Booklet

いまさら聞けない
M&A
ってなに？

たろうとはなが学ぶM&Aの基礎 ❶

企画 中央経済社　　株式会社ばんそう
　　　　　　　　松田 克信〔著〕

中央経済社

M&Aブックレットシリーズについて

　私は約30年間M&Aの世界に身を置いている。

　この間、国内外のさまざまな企業による多くの実例が積み上がり、今では連日のようにM&Aに関連する報道が飛び交っている。一方で、「M&Aってどんなこと？」と敷居の高さを感じる方も多いのではないだろうか。

　本シリーズはこの現状に一石を投じ、学生や新社会人からM&A業務の担当者、さらにアドバイスする側の専門家など、M&Aに関心のあるすべての方々にご活用いただくことを念頭に、「M&Aの民主化」を試みるものである。

　本シリーズの特徴は、第一に、読者が最も関心のある事項に取り組みやすいよう各巻を100ページ前後の分量に「小分け」にして、M&A全般を網羅している。第二に、理解度や経験値に応じて活用できるよう、概論・初級・中級・上級というレベル分けを施した。第三に、多岐にわたるM&Aのトピックを、プロセスの段階や深度、また対象国別など、テーマごとに1冊で完結させた。そして、この"レベル感"と"テーマ"をそれぞれ縦軸と横軸として、必要なテーマに簡単にたどり着けるよう工夫をこらしてある。

　本シリーズには、足掛け5年という構想と企画の時間を費やした。発刊に漕ぎ着けたのは、ひとえに事務局メンバーの岩崎敦さん、高橋正幸さん、平井涼真さんのご尽力あってこそである。加えて、構想段階から"同志"としてお付き合いいただいた中央経済社の杉原茂樹さんと和田豊さんには、厚く御礼申し上げる。

　本シリーズがM&Aに取り組むさまざまな方々のお手元に届き、その課題解決の一助になることを願ってやまない。

シリーズ監修者　福谷尚久

はじめに

　本シリーズのうち、「いまさら聞けない○○ってなに？」は「"たろう"と"はな"シリーズ」として構成され、M&Aにこれまであまり触れてこなかった社会人の方や、M&Aに関心を持っているけれど実務で触れる機会が少ない方、M&Aを知りたい学生の方などを主要な読者として想定している。

　M&Aの関連書籍というと、これまでは中・上級者向けの専門書が多く、難解な専門用語やカタカナ用語があふれ、M&A業務を経験していない方にとっては、読み始めるだけでも心理的に大きなハードルがあったのではないかと推察する。本シリーズでは、M&Aの実務や関連するテーマについて、親しみやすい日常的な会話などを用いて想像しやすいよう解説することで、業務の内容やM&Aというものの一通りの流れを負担感なく理解できることを目指した。本書をM&Aを理解するきっかけとして、中・上級の専門書の学習へと進んでいただければ本望である。

　本シリーズでは、「M&A」を「企業や事業の買収・売却を行う経営手法」という意味で解説している。M&Aの概念は広く捉えることもでき、経営の統合や一部のみの出資、あるいは出資をともなわない企業同士の提携（アライアンス）などで共通する業務も多い。本シリーズを読んでいただくことで参考にできるのではないかと思う。

　本シリーズの第1冊目、「いまさら聞けないM&Aってなに？」編（本書）でM&Aのおおまかな流れを確認し、その後、個別編でM&Aの個別テーマについて理解を深めていただくのがいいのではないかと考えている。もちろん、個別編の気になるテーマから手に取っていただいても、その1冊だけで業務の内容が理解できるよう努めた。皆様のM&A業務への関心、これまでの業務経験によって、どのような形でも理解が進むように工夫している。

　本シリーズが、皆様の「M&A」への理解を深める一助になれば幸いである。

株式会社ばんそう　松田克信

キャラクター相関図（物語開始時）

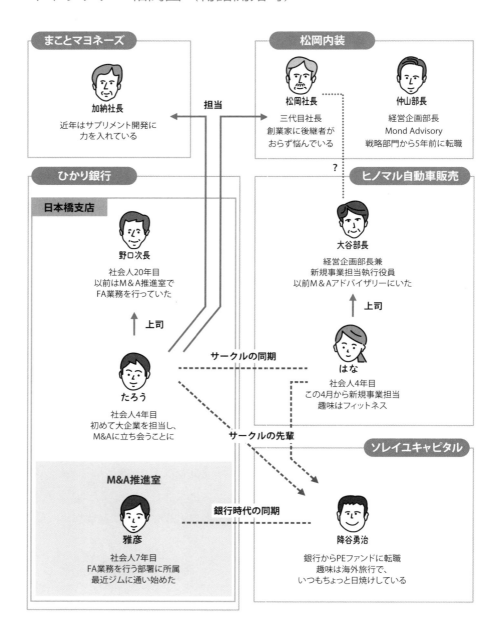

まことマヨネーズ

加納社長
近年はサプリメント開発に
力を入れている

松岡内装

松岡社長
三代目社長
創業家に後継者が
おらず悩んでいる

仲山部長
経営企画部長
Mond Advisory
戦略部門から5年前に転職

担当

?

ひかり銀行

日本橋支店

野口次長
社会人20年目
以前はM＆A推進室で
FA業務を行っていた

上司

たろう
社会人4年目
初めて大企業を担当し、
M&Aに立ち会うことに

ヒノマル自動車販売

大谷部長
経営企画部長兼
新規事業担当執行役員
以前M＆Aアドバイザリーにいた

上司

はな
社会人4年目
この4月から新規事業担当
趣味はフィットネス

サークルの同期

M&A推進室

雅彦
社会人7年目
FA業務を行う部署に所属
最近ジムに通い始めた

銀行時代の同期

サークルの先輩

ソレイユキャピタル

降谷勇治
銀行からPEファンドに転職
趣味は海外旅行で、
いつもちょっと日焼けしている

今回の登場人物

たろう
社会人4年目。メガバンク「ひかり銀行」に入行し、都内の営業店に勤務。2店目。初めて、大企業を担当。

はな
たろうの大学時代のサークル仲間。社会人4年目。「ヒノマル自動車販売」に就職。新規事業を担当。

雅彦
たろうの先輩。社会人7年目。現在、ひかり銀行でM&A推進室（FA業務を行う部署）所属。

野口次長
社会人20年目。日本橋支店での、たろうの直属の上司。その前は雅彦と同じFA業務を行う部署にいた。

降谷勇治
たろうとはなのサークルの先輩。メガバンクからPEファンド「ソレイユキャピタル」に転職。銀行時代の雅彦の同期。

松岡社長
たろうの担当先の社長。内装材を製造する会社である"株式会社松岡内装"を経営する創業3代目社長。創業家に後継者がおらず、会社の今後を悩んでいる。シート技術を応用したキャンプ用品を制作・販売する会社を子会社に持つ。また、アメリカ、マレーシア、中国に現地の内装材製造会社との合弁企業を保有。

大矢部長
はなの上司。M&Aアドバイザリー会社から転職。経営企画部長であり新規事業担当執行役員。

仲山部長
松岡内装の経営企画部長。「Mond Advisory」の戦略部門から5年前に転職。

加納社長
まことマヨネーズ株式会社の社長。サプリメント開発に力を入れている。

目次

第1章　そもそもM&Aってなに？

第2章　M&Aの進め方

第3章　M&Aに登場するプレイヤー

第 **1** 章

そもそもM&Aってなに?

1 たろう、はなと偶然出会う

4月XX日（月）14：00　日本橋

　G.W.前の平日、遅い寒の戻りなのか人によっては薄手のコートをなびかせながら、ビルが立ち並ぶ通りに面するカフェの前を足早に通り過ぎている。

　都内のメガバンク「ひかり銀行」の日本橋支店に勤務するたろうは、支店での昼食をとりそびれたため、そのカフェで遅い昼食をとっていた。銀行員らしく、濃紺のスーツに白いシャツを着ているが、薄い青に白のレジメンタルのネクタイは少しだらしない感じで緩んでいる。

　月曜日ということもあって、たろうはまだどこか休日の余韻が抜けきらないようである。

「あっ、たろう、たろう」

　通りが見渡せる窓際の席で、まさにサンドウィッチをほお張ろうとしていた瞬間、たろうを呼ぶ声が聞こえた。

　たろうは声がした方向に目を向けた。

　サンドウィッチのマヨネーズが口の端についてしまった。

「ん？　はなか。誰かと思ったよ。こんなところで会うなんて」

　たろうは口にサンドウィッチが残っているのか、モゴモゴと話した

　声をかけてきたのは、大学時代のサークル仲間のはなであった。

　はなは大学卒業後、自動車ディーラー「ヒノマル自動車販売」に就職していた。

　たろうと同じく社会人4年目となり、この4月から新規事業開発を行う部署に配属されていた。

　春らしい明るいライトグレーのスーツ姿である。

「今頃、ランチなの？　忙しそうだね。……マヨネーズ、ついているよ。相変

わらず、マヨネーズが好きだね」

「おっと、びっくりさせるなよ。おかげさまで忙しいんだよ。4月から担当する企業が増えてゆっくりランチをとる時間もなくて。ただでさえ、大企業を担当するのが初めてだからさ……このマヨネーズも担当先のまことマヨネーズを使っているんだって。この前、社長から教えてもらったんだ。担当先の商品を街で見かけることって今までなかったから、ちょっとうれしいんだよね」

「そうなんだ。まことマヨネーズ、おいしいよね。最近、サプリも発売したよね。私の行っているジムでも見かけるよ」

「そう。結構評判いいんだ。はなはこんなところでお茶していていいの?」

「実は新規事業の担当になって、外でいろいろと情報収集したりしているの。結構バタバタなのよ。展示会に行ったり、とかね。今は、次の訪問先に向かう前のつかの間の休憩。ここ、座っていい?」

「いいよ」

たろうは久しぶりにはなと会って、はなが以前よりも大人びていることに少々戸惑っていた。

「はな、スーツ姿が社会人って感じだね。仕事をバリバリしてそう。去年の夏以来か……サークルのOB、OGの集まりでご飯を食べて以来だよね」

「そうだね。あのときは私服だったもんね。先輩たちも来てくれて楽しかったね。夏だったからか、勇治先輩とかやばいくらいに日焼けしていたね……。『仕事をバリバリ』ね。そうかな、そう言ってもらえると嬉しいけど……」

「どうしたの?」

「新規事業の担当になったんだけど、新規事業ってどうしたら思いつくのかわからなくて……」

たろうの戸惑いに気づいているのか、気づいていないのか、はなは少し悩んでいて、たろうに注意が向いていない様子であった。

「新規事業か、そういえば、取引先の社長も新規事業を始めるとかなんとか言っていたな……」

たろうは思わずつぶやいた。

　たろうのつぶやきにはなが食いついた。
「そうなの！？」
「うん。2年くらい前に海外でM&Aした会社の事業を日本で展開するとかなんとか」
「M&Aした会社の事業？」
「うん。自社ではやっていない事業なんだって。まだ詳しく聞いていないからよくわかっていないんだけど、なにがなにやら……」

　はなは、たろうの話を遮るように質問を始めた。
「M&A？　どんな新規事業なの？」
「会員制の高級フィットネスクラブなんだけど、会員向けに健康診断とサプリの販売を展開するみたい。健康診断のシステムを開発した会社とオーガニック素材のサプリ製造会社を2年前にM&Aしたんだ」
「そっか、新規事業って必ずしも自分の会社だけで考えなくてもいいんだ……」

　はなは、なにやら思い出したようである。
　その視線はたろうの方向にあったが、焦点はたろうになく、何か記憶を探っているようである。

「確かにねぇ」
　はなは、コーヒーを一口飲んでからつぶやいた。
　たろうはその様子を不思議そうに見つめている。

「大矢部長も言っていた気がする、うちの会社に活かせそうな面白い企業を探してみたらって、そのときは意味がよくわからなかったけど……」
　はなの頭の中で何かがつながったようである。

「そっかそっか、自動車販売のネットワークや顧客基盤を使えばいいのか。そこに流せる製品やサービスを考えれば……」

　はなが1人で考え出すと、しばらくは話しかけても無駄なことを、たろうはサークルでの経験からよくわかっていた。

「自動車を買う人か、うちの会社だとファミリーカーがよく売れているって……特に、SUV、もともと、アウトドアなイメージもあるね……「ファミリー×車」か、いろいろありそう……、あ、たろう、ありがとう！」
　さんざんつぶやいた後に、はなはイキイキとした顔で、たろうにお礼を言った。
　たろうは何に感謝されたかがよくわからなかったが、はなの役に立てたことが嬉しくなり、なにやらむずかゆさを感じていた。

「どういたしまして。お役に立てたようで」
「うん！　ありがとう！」
　はなの素直な感謝の表現に、たろうの顔は自然とほころんだ。

「そういえば、たろうって銀行員だよね」
　はなが突然、わかりきった質問をしてきた。

「そうだけど、忘れたの？　転職してないよ」
「ごめんごめん。そうじゃなくて、M&Aってなんなんだろう？　銀行員だと詳しいかなと思って」

　たろうは、はなのストレートな質問にもごもごし始めた。
「M&Aか、企業を買収したりってことだけど……」

　はなは、そんなことはわかっているという顔である。
　少し冷め始めたコーヒーを飲み干すと、はなはたろうの目をまっすぐに見て、たろうの言葉を遮り話し始めた。
「それくらいは知ってる！　そういえばM&Aってどういうときにするのかなって思って。新規事業を始めるときにも考えられるみたいだし、新聞を見ると同じ事業を行っている会社同士がやることもあるみたいだし……」

「確かにね。実は支店勤務だとM&Aってそんなに経験できないんだ。僕もさっきの話が初めてで」

「そうなんだ……そういえば、勇治先輩って、ひかり銀行からM&Aの会社に転職していなかったっけ？」

「そうだった！　そういえば、明日の夜、一緒にワインを飲みに行くんだけど、はなも来る？　銀行の先輩もいるけど。最近、盛り上がっている日本のワインがいっぱい置いてあるワインバーだって言っていたかな」

「いいの？　男同士の話とかあるんじゃないの？」

「ははは。仲のいい銀行の先輩が勇治さんと同期で、一緒に飲まないかって。はなのことなら勇治さんも知っているし、大丈夫だと思うよ。先輩も気さくな人だし」

「やった！　勇治先輩に久しぶりに会いたいし、銀行の先輩が大丈夫なら参加したい！」

「勇治さんに聞いてみるよ。ちょうどその先輩も銀行でM&Aの仕事をしているから、いろいろと聞けるかも」

「ありがとう！」

ふと、たろうがカフェの時計に目を向けると、次のアポイントメントまで30分となっていた。

たろうは緩んでいたネクタイを締め直した。

「あっ、そろそろ行かなきゃ。夕方に場所と時間を連絡するよ。20時ごろに恵比寿あたりだったと思う」

「お願いね」

はなは、大学時代と比べて心なしか大きくなったたろうの背中を見つめて、勇治に聞きたいことを頭の中で整理していた。

M&Aをなぜ行うのか

	目的	概要
買収サイド	市場シェア拡大	製品ポートフォリオの拡充や店舗網の拡大など、業界内で市場シェアを拡大を目的としたM&A
	バリューチェーン補完	バリューチェーン（企業活動の連鎖）上の機能補完を目的としたM&A 川上企業（例：製造、素材調達）による、川下への進出（例：供給、卸売）など
	新規エリア進出	海外など、未進出エリアへの参入を目的としたM&A
	新規事業参入	新規事業への参入に向けて、技術や事業基盤（人材、顧客など）を獲得することが目的のM&A
売却サイド	事業の切り出し	不採算事業（企業）の売却による、本体企業の経営改善と不採算事業（企業）の再生を目的としたM&A
	事業承継	高齢化などにより中小・中堅企業のオーナー兼社長が、株式を第三者へ売却することを目的としたM&A
	Exit	ファンドやベンチャーキャピタルなどが、投資回収を目的に、第三者へ株式を売却するM&A

 こうしてみてみると、M&Aの目的ってさまざまだね

 似た会社との統合、新しい領域への参入、不採算事業の撤退等々、M&Aでできることがこんなに多種多様だとは……

 こう考えると、初めにしっかり「このM&Aは何を目的とするのか」を決める必要がある理由がよくわかるね

 会社を買うほうはもちろん、売ることにもしっかりメリットがあるんだなぁ。こんなにいろいろ目的が考えられるなんて思いもしなかったよ

 そうね、ニュースだと目的のところまでなかなかしっかり報道されないもんね

 うん。M&Aって活用の仕方次第では、すごく企業の成長に役立つことがわかるね

2 たろう、遅れてしまう

４月XX日（火）20：00　恵比寿

　日が落ち、一層の肌寒さを感じる中、はなは、たろうから連絡のあった恵比寿のワインバーに１人急いでいた。

　はなが着ている薄手のコートの裾が風で揺れている。

　本当は、たろうと有楽町で合流してから恵比寿に向かう予定だったが、たろうから突然、先に行ってほしいと連絡があったのだ。その連絡には、急に日本橋でお客様に会わなければならなくなったとだけ記されていた。

「たろうったら、全く……」

　はなは肌寒さに肩をすくめながら、誰に言うでもなくつぶやいた。

　ワインバーまでの道をスマートフォンで確認しながら進んでいる。

　恵比寿の夜らしく、多くの人で街全体が活気に満ちていた。

　指定されたワインバーは、恵比寿の駅から10分ほど歩いた場所にあり、看板もなく、初めて行く人にとっては、なかなか見つけにくい店であった。

　隣のアウトドア用品を扱う店では、夏に向けて早くもセールを行っていた。

　オートキャンプで使う用具がいくつか新製品として店頭に並んでいた。

　あまり聞いたことがないブランドだったが、どうやら長らくOEMを受託しているようで、品質はしっかりとしているようである。

　"MN" という文字が控えめながらセンス良くつけられている。

　ワインバーは少しわかりにくい場所にあったが、目ざす店の入口を見つけ、はなはほっと胸をなでおろした。

「こんばんは……」

　おそるおそる、コートを脱いで片手に持ちながら、把手部分に葡萄の房が彫刻された重厚な木の扉を開けた。

「おお、はな！ 久しぶり！」

大学時代と変わらない、ちょっと日焼けした勇治の姿がそこにあった。
勇治はカウンターの奥から2つ目の席に陣取っている。
一番奥には、濃紺のスーツに薄いブルーのシャツを着ている男性が並んで座っている。
はなは勇治の隣に腰を掛けた。

「勇治先輩！ うわ、まだ春なのに日焼けしている。そして、やっぱりショートパンツ……寒くないんですか？」
「やっぱりってなんだよ。パーカーを着てきたから寒くないよ。……うそ、足は寒い。2週間前にディールが終わったから、休暇を取っていたんだ。昨日までハワイ。これ、残り物だけど、お土産ね」
明らかにハワイ気分が抜けていない勇治であった。
はなが勇治から渡されたのは、ハワイの日本人農場で栽培されたコーヒーだった。

「やった！ ちょうど、コーヒーがなかったんです。休暇はいつまでですか？いいな〜」
「それは良かった。休暇は今日まで。今日は家でゆっくりしていたんだ。たろうから、はなが来るって聞いて持ってきた」
「ありがとうございます！ 勇治先輩は相変わらず優しいですね！」
想定外に褒められ、勇治はちょっと照れくさそうにしている。
はなは、そんな勇治の様子には気がついていないようである。

店内の照明が薄暗かったことに加えて、ハワイでの日焼けで、勇治の顔が赤らんだことは目立たなかった。
それでも、それを隠すように、勇治はあえてそっけない素振りをした。

勇治の隣に座っているスーツ姿の男性が勇治をつついた。

「あっ、そうそう、銀行同期の雅彦。はなは、初めて会うよね？」
「はい。初めまして、はなです。今日はお邪魔してすみません」

　会話を弾ませるためか、勇治は、はなに話しかけた。
「はなは自動車ディーラーに就職したんだっけ？　仕事はどう？」

　雅彦は、その言葉が耳に入っていない様子だった。
　はなを見て、ちょっと驚いた顔をしていた。
「初めまして、雅彦です。……ええっと、あれ？　この前、横浜駅前にあるジムにいませんでした？」

　はなもちょっと驚いた顔をした。
「ジム？　ジムって、日曜日の夕方ですか？」
「そうそう」
「あ、いました！　雅彦さんもいたんですか……？」

　運動している姿を見られていたことがわかり、はなは、なんとなく気恥ずかしく、うつむいた。
「あっ、ごめんごめん。ちょうど寮が近くにあるから、あのジムには日曜日によく行くんだ。となりで何か考えごとしながら走っている人がいて、印象に残っていまして」

　勇治は自分の照れくさそうな様子がばれなかったことに安心しながら、雅彦をからかった。
「雅彦、じっと見ていたんじゃないのか？」
「いやいや、そういうことじゃないよ。『新規事業』ってつぶやくのが隣から聞こえてね。職業柄、気になっちゃって」
　雅彦はちょっとバツの悪そうな様子で答えた。

　はなは雅彦の言葉を聞いて、顔を赤らめた。
「雅彦さん！　聞こえていたんですか、恥ずかしい……」

　ついつい独り言を言ってしまう癖については、母親からよく指摘されているはなであった。

　はなは、その空気を変えたいと思ったのか、しばしの沈黙の後に、急に勇治に質問した。
「あれ、そういえば、たろうは？」
「まだ来ないね。先輩を待たせるとは……。はなが来る前に、今から向かうって連絡があったから、そろそろ来るんじゃない？」

　勇治がそう答えたすぐ後に扉が開き、涼しい風がワインバーの中に吹き込んできた。

「すみません！　はぁ、遅くなりました……。走って来たんですけど……」
　たろうがネクタイを右手で緩め、肩で息をしながら、ワインバーに入ってきた。

「遅い！」
　勇治、雅彦、はなが、声を揃えて一斉に叫んだ。
　自然と笑い声が起こり、その場の空気が和やかなものになった。

第 **2** 章

M&Aの進め方

1 はな、M&Aについて質問する

4月XX日（火）20：30　恵比寿

　人数を急に増やしたからだろうか、テーブルでなく、7人掛けのカウンターに4人が並んでいる。
　一番遅れたたろうは、はなの隣に座った。

　「人数も揃ったし、ワインでも頼もうか」
　勇治は、オーナーがおすすめする能登のワイナリーの白ワインをボトルで注文した。
　はなはそのワインの名前に、なんとなく聞き覚えがあった様子である。

　注文したワインは、白ワインとしては若干濃い色合いで、店の照明に照らされ、グラスの中でキラキラと輝いている。まるで、ワインの中に太陽の光が結晶となって溶け込んでいるようである。

　自然と仕事の話になる。

　「たろう、最近は忙しいのか？　今日も、急にお客さんに呼ばれたんだろ？」
　勇治がたろうに尋ねた。

　「そうなんですよ、担当先が増えたこともあるんですが、これまであまり経験のないM&Aの相談とかもあって……」
　ワインに酔ったのか、忙しい自分に酔ったのか、たろうは少々大人びた様子で答えた。

　「たろうがM&Aねぇ……で、どんなM&Aなの？　あっ、守秘義務があるだろうから、答えられる範囲だけでいいんだけど」

　勇治が興味を示しながら質問した。
「実は、事業承継で相談を受けて、ファンドから会社を売ってくれないかって言われたって」

　雅彦もはなも、興味津々な様子で聞いている。

　勇治が尋ねた。
「事業承継でのM&Aってこと？」
「そうですね。オーナーの社長がご高齢なんですが、後継者がいない様子でして……業績はいいんですけど」

　雅彦がつぶやいた。
「そっか。最近、事業承継関連のM&Aも多いからな」

　勇治が専門家の顔つきで語り出した。
「銀行だと事業承継関連のM&Aも多いよね。すでに公表されているから言うと、さっき、はなに渡したコーヒー豆を作っている農場もそうなんだ。俺の勤務しているファンドは最近、アウトドア系の事業ポートフォリオを強化しようと思っていてね。もともとは日本の会社が持っていた農場だったんだけど、去年、創業者である社長が引退するということで、俺の勤務しているファンドが買収したんだ。農場やコーヒーをうまく活用して、アウトドア事業の拡大も狙っているところだよ。今回の休暇はそれもあってハワイに行ったんだ」

「たろうもファンドが相手だと、これから忙しくなるなぁ」
　雅彦もM&Aの専門家らしく、いろいろと想像している様子でつぶやいた。
　隣で勇治もうなずいている。

　はなは、よくわからないという顔をして、グラスのワインを少しずつ飲んでいる。
　たろうは、事の概要をなんとなく理解できたのか、うなずいている。
　1人だけワイングラスが空になり始めている。

はなは、我慢しきれない様子で、勇治に訊いた。
　「ちょっと、勇治先輩！　私にもわかるように話してくださいよ！
M&Aって何が忙しいの？　会社を売りたい人がいたら、買いたい人を探したら
いいだけじゃないんですか？」
　1人だけわかっていない感じが嫌で、ちょっとむくれながら声を上げた。

　「スーパーで買物するのとはわけが違うんだぜ」
　「そんなに都合よく、会社を売りたい人と買いたい人を結び付けられるわけな
いだろ」
　勇治とたろうが、したり顔で答えた。
　たろうとしては、はなに何かを教えてあげられそうなのが、嬉しいようである。

　「……そういえば、M&Aってどうやってやるの？」
　はなが唐突につぶやいた。

　「はなさん、M&Aに興味あるの？」
　雅彦が聞いた。

　「はい。今、新規事業開発の担当なんですが、今日の昼、たろうから新規事業
開発にもM&Aが有効そうだってヒントをもらって……」

　たろうは、"そういうことだったのか" という顔をしている。
　今、そのことに気づいたことがわからないように、新たに注がれたワインを一
口飲んだ。

　「なるほど、確かにM&Aで新規事業を始める会社もありますね。最近はベン
チャー企業の買収とかも多いし、それで新しい技術を獲得して新規事業を始める
会社も増えていますよ」
　雅彦がワインを飲みながら答えた。
　（それで、ジムで新規事業ってつぶやいていたのか……）
　雅彦は納得した様子である。

　「実際には、M&Aは考えることが多くて大変なんですよ。売りたい企業を探すことや、交渉もそうですが、デューデリジェンスやバリュエーションとかしなくてはならないですからね。売りたいと思っていない企業と交渉するときもありますし」

　「デューデリジェンス？　バリュエーション？　何ですか、それ？」
　はなは、聞きなれない単語に眉を寄せている。

　「よくわからない単語だよね。よし、それでは、たろうに説明してもらおうかな」
　雅彦が若干意地悪な顔をしながら、ワインを一口飲んで、たろうに話を振った。

　「えっ、ぼくですか？」
　（さっき、研修資料読み漁っただけなんて言えないな……）
　たろうは少々困惑しながら、説明を始めた。

　「M&Aを実行するときには、大きく３つのフェーズがあるんだ。Pre M&A、Execution、PMI。Pre M&AはどんなM&Aをすべきかを考え戦略を立てることで、ExecutionはM&Aの実行のこと。さっきのデューデリジェンスやバリュエーションはここでやることになる。そしてPMI。Executionを行った後にどう会社を経営して事業を成長させていくかを考えていくことが、PMI。雅彦さん、これでいいですかね……？」

　雅彦は "70点くらいだな" という顔をして、たろうの言葉に続けた。
　「まあ、ざっくりいうとそうなるな。細かいことをいうと、もっといろいろとあるんだが……」

　「はな、例えば、自動車を買うときってお客さんはどういう購買プロセスをたどるんだ？」
　突然、勇治がたずねる。

急に突拍子もない質問が飛んできて、はなは戸惑いながら答えた。
　「えっと……どんな車を買うかを考えて、車を売っている販売店に行って価格を確認して、多くの人は値引き交渉をして、お金を払って、納車を待つ、って感じですね」
　「新車の場合だと、そうだね。じゃあ、中古車だとどうだろうか」
　「お金を払う前に、車の状態を確認しないといけないです。故障とかあったら嫌だもの。試乗したりします」
　「そう、いわば、それがM&Aにおけるデューデリジェンスのことだな。よく、DDと略されるね。じゃあ次、買った後は？」
　「私だったら、アクセサリーをつけたり、いろいろと自分好みの車にしてしまいます」
　「お客様と販売店の関係はどうなる？」
　「うちの会社はアフターフォローに力を入れているから、故障がないかとか、満足しているかとか、定期的にお伺いしています」
　「そうだよね。買って、ありがとう、さようなら、ではないよな。これはM&Aも一緒で、会社を買った後のことを考えることが重要なんだ。さまざまな契約で、買った後のことを取り決めたりする」
　「なるほど、車買うときに保険に入ったり、保証つけるのとかと同じってことか……」

　勇治の説明でなんとなくわかったような顔をしたはなに、雅彦が言った。
　「そうですね。M&Aは確かに経験がないと難しいかもしれません。でも、おおよそのプロセスは決まっているんです。説明しましょうか？」
　「お願いします！」

　はなは、ワインの酔いのせいなのか、新しい知識が得られるからなのか、輝く目で雅彦を見つめた。
　はなのグラスもいつの間にか空になっている。
　マスターが、話の一区切りの時間で、はなのグラスにワインを注いだ。
　ワインは静かに揺れていた。

M&Aに出てくる主な用語

Quick Hits
シナジー　Day 0　クロージング
ディールブレイカー　PMI　NDA
Due Diligence　Execution
IRL　M&A　MOU
LA　IB　FAS
SPA　DA　FA　Valuation
IM　企業価値
表明保証　DCF
ティーザー　VDR　WACC

※各用語の意味はp.90の用語集を参照

 Execution、デューデリジェンス、バリュエーション、PMI……。M&Aっていろんな用語が出てくるから、難しく感じますね……

 確かに、普段の生活では使わないからな

 まあ、そうなんだけど。でも、ここに出てくる用語だけでも知っておけば、ある程度は理解できるんじゃない？

 カタカナやアルファベットが多いなぁ……

 でも、こういった領域って、勉強してみると、ああ確かに日本語に変換するのが難しいなぁと思うこともあるよね

 日本語だとかえって意味がこんがらがっちゃうこともあるよね

 まあ、経験を積むと慣れてきますよ。ただ、コーポレートファイナンスに関わる言葉が中心なので、社会人の基本として、しっかりと学んでおいたほうがいいですね

 （勉強、苦手なんだよなぁ……）

2 M&Aのプロセス

４月XX日（火）21：00　恵比寿

　「勇治もちょっと説明していたけど、M&Aを実施するときに最初に考えなければならないことって何だと思いますか？」
　雅彦がわずかに残ったワインを飲み干しながら、はなに尋ねた。
　白ワインのしずくが、グラスの内側でワイングラスに映ったはなの顔をキラキラと照らしている。

　「えっと、何でM&Aをしなければならないか……あ、M&Aの目的ですか？」
　雅彦のワイングラスにワインが注がれるのを見ながら、はなが答えた。
　とうとうワインのボトルが空になった。

　「そう、まずはM&Aの目的ですね。よく、M&A戦略といいます。誤解されやすいんですが、M&A戦略を立てることはM&Aをどう実施するかを考えることだと思う人が多いんですよね。もちろんそういう側面も含めてM&A戦略の概念ともいえますが、それよりも、なぜM&Aが必要なのかを明確にすることが重要なんです」

　はなは、なるほどといった様子でうなずいている。
　雅彦は続けた。
　「M&Aが必要だという結論になったら、その目的に合った企業をリストアップします。よく、M&Aターゲットを選定する、リスト化するっていいますね」

　「雅彦先輩、それがロングリストっていうことですね」
　たろうがこれまで出番がなかったことにうずうずしていた様子で、話し出した。
　すでにネクタイはほどかれて鞄にしまわれている。

「そう。よく、ロングリストとかショートリストとかいうよね。たろうはロングリストとショートリストの違いはわかる？」

「より目的に合った企業や買収の可能性が高い企業に絞ったものが、ショートリストですか？」

「そうだね。ロングリストはデータベースで条件を設定し、機械的に抽出した企業リストであることが多いんだ。そこから、さらに条件を加えて、いろんな情報を集めて優先順位をつけてターゲットとなる企業を絞り込んだのがショートリストっていう感じだね。いずれにしても、条件に合う会社をリスト化するのが一般的。ただ、この会社を買いたいというのがあらかじめ決まっていたら、リストは作らないこともあるけどね」

はながつぶやいた。

「そっか、私の業界で考えると、SUVを買おうって思っていろんなSUVをリストアップした後に、いろいろなメーカーの販売店をまわって候補の車種を絞り込んで、買う車を決めるのと同じなんだ。初めから購入する車を決めていたら、他にどんなSUVがあるかとか調べないもんね……」

勇治がちょっとからかうように、はなに言った。

「おっ、はな、よくわかっているじゃないか」

勇治が頼んでおいたのか、新しいワインが勇治の新しいグラスに注がれていた。

先ほどと同じワイナリーのラベルが貼られている赤ワインのボトルが、勇治の前に置かれている。

はなは、ちょっとむくれた様子だ。

「勇治先輩、からかわないでください！　でも、自動車を買う場合は、それで販売店で購入手続きをすればいいけど、M&Aだとそんなに単純じゃないですよね？」

雅彦が答える前に、勇治が答えた。

「そうだ。さっき、中古車の場合の話をしたよな？」

はなは、何かを思い出したようである。
「デューデリジェンス、でしたっけ」

勇治がワインを飲みながら、またしてもからかうようにはなに答えた。
「正解。さすがだな、はな」

はなは、さらにむくれながらも、少し喜んでいる様子である。
「もう……、ということは企業の状態を調べるっていうこと？」

「そうですね。ただ、その前にどの企業にM&Aの申し入れをするかを決めて、
声をかけなければならないですね。調べる対象となる企業が決まらなければ、調
べようがないですし」
　雅彦が答えた。
　雅彦も赤ワインを飲んでいる。

「どの企業を最優先にするかを決める場合や、最優先企業を決めてコンタクト
する前に、公表情報だけで初期段階のデューデリジェンスを先に行うこともあり
ますね。Non Access DDといいます。Non Access DDを実施してもしなくても、
どうやってM&Aのことを打診するかを検討しなければなりません。急にM&Aの
話をしても、驚かれてしまうだけなので」

「そうですよね。あなたの会社を買いたいとか急に言われてもびっくりします
よね」
　はなも、納得した顔でつぶやいた。

「そうなんです。なので、買収提案書とかいったりしますが、なぜあなたの会
社に興味を持ったか、どういうメリットがお互いにあるのかなどを説明した書類
を作って、面談のアポイントメントをとったりします」

　たろうが何か腑に落ちない顔で、雅彦に質問した。
「でも、アポイントメントってどうやってとるんですか？　代表電話に電話す

るわけにはいかないし……」

　雅彦が、ややあきれた表情でたろうを見た。
「たろう、最近、そういう仕事をしているんじゃないのか？」

　たろうはちょっとばかり、ばつの悪そうな顔をしている。
「そうでした……今手がけている案件では、うちではない別の銀行からファンドを紹介されたとか言っていました。うちがメインバンクなので、相談してくれて」

「たろう、それはちゃんと上長に報告しているのか？」
　雅彦が急に銀行員の顔になり、たろうに尋ねた。

「大丈夫ですよ、次長も一緒に訪問したので。もともと相手の社長からうちの次長に電話があったんです。明日、ミーティングすることにもなっています」
「そうか、それはよかった。次長って野口さんだっけ？」
「そうです。野口次長です。確か、勇治さんと雅彦さんとは、昔、寮が一緒だったとか。ここに来る前に次長に話をしたら、そんなことを言っていました」

　勇治が懐かしそうな顔をした。
　すでに赤ワインも２杯目である。
「野口さんか、お世話になったな。転職する際に相談に乗ってもらって。怒られるかと思ったけど、背中を押して応援してくれたんだ。そういえば、野口さんって、雅彦の部署じゃなかったっけ？」
「１年前までね。今はたろうの直属の上司だ。まあ、野口さんが一緒だったなら安心だな。M&Aのプロだからな」

　雅彦と勇治は、馴染みのある名前を聞いて安心したようである。

「そうだな。それよりも、同業者としてはどこのファンドが名乗りをあげているのか気になるな」

勇治は仕事の顔になりながら、つぶやいた。

はなが口を開いた。
「銀行がM&Aの相手を紹介するんですか？」

雅彦はゆっくりと赤ワインを一口飲むと答えた。
「そうなんです。必ずしも銀行だけではないですが、事業承継だと、後継者がいないこともあるので、銀行がファンドや同業者などを紹介してM&Aの話をすることがあります。メインバンクから話すことが多いんですが、たろうの件は、担当者が変わるタイミングで、他の銀行から提案されてしまったようですね」

「そうなんです、前の担当者も次長と事業承継チームに相談しながら別の提案を考えていたんですが……。幸い、相手の社長の野口次長への信頼が厚くて、すぐに電話してきてくれて」
たろうが答えた。

「他にはどんな形でアポイントメントをとるんですか？」
はなが尋ねた。

雅彦はワイン好きらしく、慣れた手つきでグラスを回している。少々酔ったのだろうか、ワインがグラスの中で流れているのを見ている。
赤ワインが店内の柔らかい光を取り込んで、上質なベルベットのような光沢を見せながらグラスに沿って回っている。
雅彦はグラスを回しながら答えた。

「もともと、売却や投資家の参入を希望している企業であれば、銀行や投資銀行、証券会社などが要望を聞いて、付き合いのある会社に声をかけることが多いです。その役目をコンサルティング会社やアドバイザリー会社が行う場合もあります。あとは、ビジネス上の取引がもともとあるとかで、企業同士が直接、話を進めることもあります。また、最近では、M&Aプラットフォームとして、売却したい企業と買収したい企業をつなぐウェブサイトもありますね」

「いろんな方法があるんですね、そのあとはどうなるんですか？」

　はなは、興味津々といった様子で尋ねた。いつの間にかグラスの中身が赤ワインに変わっている。

「そのあとは、最初の段階ではお互いの要望などを確認していくことになります。条件や金額への考え方がある程度見えてくると、"M&Aに関して交渉を行うことを基本的に合意した"ということを記載した書類で意思確認を行います。それを基本合意書（MOU）といいます。そして、本格的なDDで会社のことを調べ、バリュエーションで計算した価格をもとに最終的な交渉に入ります」

　雅彦が空になったワイングラスを店内の照明の柔らかな光にかざしながら答えた。

　ワインバーには静かにジャズのピアノの音色が流れていた。

　雅彦の声がピアノとベースに混ざって聞こえてくる。

「バリュエーション？」

　はながきょとんとした顔で尋ねた。

「そういえば、まだバリュエーションについては説明していなかったな」

　勇治がつぶやいた。

「バリュエーションとは、企業の価値を算定することだ。簡単に言うと、対象となる企業が将来どのくらい利益を出しそうか、どのくらいの価値がありそうかを、今の財務状況や事業計画の精査結果をもとに計算するんだ。そのための精査こそ、DDだ。財務状況やビジネスの将来性、法務的な懸念事項がないかとかを調べることになる」

　勇治はチョコレートをつまみながら、はなに説明した。

「ということは、DDにもいろんな種類があるんですか？」

　はなが尋ねた。

「そうだね。基本的には、財務、税務、法務、事業かな。あとは、場合によっ

ては、人事、IT、環境などについても実施するね。最近はサステナビリティの観点からのDDもあるね」
　勇治が答えた。

　はなは、十分には理解しきれなかったようだが、なにやら大変そうなことだけは理解した様子である。

　「しかも、それだけで終わりじゃない。DDやバリュエーションなどを実施して、金額も合意できたら、最終的な買収契約書を締結する。Definitive Agreement、略してDAなどといったりもするね。買収する金額の他に金額の支払方法などを契約書に落とし込むんだ。クロージング条件ともいう、取引完了のための条件も定める。それが満たされたら、株式の引き渡しや買収対価の支払を行うことになるんだ」
　勇治は、たろうに視線を移しながら答えた。

　「なるほど」
　たろうは勇治の視線を感じ、声を発した。これまで、はなと勇治、雅彦の会話をじっと聞いていたが、たろうも質問したいことがある様子である。
　いつの間にか、たろうも赤ワインを飲んでいる。

　「M&Aは、クロージングの後からが本番だって、よく聞きますが……」
　たろうは勇治と雅彦のほうを向きながら尋ねた。

　雅彦は、苦労の日々を思い出してか少し目を伏せながら話し出した。
　「そうなんだよ、実はそこからが大変なんだ。それまで違う歴史を歩んできた会社が同じグループになったりするわけだろう？　社風や考え方が異なることがよくあるから、どうやって融合していくべきか、考えるべきことは山積みなんだ。うちの銀行も合併を経験しているから、なんとなくわかるんじゃないか？」
　雅彦は、たろうに目を向けた。

　「はい、まあ、なんとなくは。文章にできないこととかも多そうですし、うち

の銀行内でも、いまだに“元××銀行”とかいう表現使いますよね……」
　たろうは、なにか思い当たる節があるのか、目を軽く閉じながらつぶやいた。

　勇治が被せるように言った。
　「そうだよな。ゆえに、シナジーってなかなか顕在化させるのが難しいんだよなぁ……」

　「シナジーって？」
　はなが隣にいる勇治に尋ねた。

　「M&Aを行うことで得られる相乗効果ってことだ。例えば、お互いの製品をお互いの販路で売ったり、共通化できるものを共通化してコストを削減したり」
　勇治は時計の針が22時を過ぎているのを見ながら答えた。

　「それって、私が新規事業でM&Aを活用できないかと思ったときに考えたことだ……。M&Aってうまくいくのかな、話を聞いていると、難しそう……」
　誰に言うともなく、はながつぶやいた。

　「いい質問だな。M&Aは目的ではなく手段だから、さっきたろうが言ったとおり、契約した後が本番なんだ。特に俺のようなPEファンドだと、買収した後にその企業の価値を高めないといけないからね。事業会社だと、想定していたシナジーをきちんと出さないといけないし。契約後は100日プランというアクションプランを立てて、いろんな作業を開始する。新しい組織での営業戦略の構築とか、システムの統合とか、やらなければならないことはさまざまだ。それらをきちんと行い、企業価値を高めていくのは、決して簡単なことではないんだよ」
　勇治は過去のM&Aを思い出しながら、自分に言い聞かせるように話した。

　「そうなんだ……、M&Aっていろいろとやらなきゃならないことがわかったわ……、あ、勇治先輩、明日から会社ですよね？」
　はなが勇治に気を遣って尋ねた。

「ありがとう、じゃあそろそろお開きにしようか。そういえば、約1名、声が聞こえないような……？」
　勇治はふと、はなの隣にいるはずのたろうに目をやった。
　たろうは、カウンターに肘をつきながら、頭が上下に揺れている。

「やれやれ、ほとんど寝ているな。まあ、今日は忙しかったみたいだし、仕方ないか」
　雅彦もたろうの様子に気づき、やれやれといった様子でたろうを見つめた。
　視線を感じたのか、たろうの瞼が動いた。

「うーん……あっ、すいません！　寝てないです！」
　たろうは焦った様子で一口だけ残っていたワインを飲み干した。口元にワインがこぼれてしまい、あわてて手で拭っている。

「じゃあ、帰ろうか。今日は先輩2人からごちそうさせてくれ」
　勇治がそう言うと、たろうとはなは恐縮しながらも、ちょっとうれしそうである。
　すべてのグラスが空になっていた。

「ごちそうさまです！　ありがとうございました！」
　2人の声が店内にひびいた。

　時計の針は22時30分をとうに過ぎていた。勇治と雅彦が会計をしている間に、はなとたろうは先に入口の重い扉を開け、外に出た。
　春真っ盛りではあるが、今日は寒さすら感じる風を受けて、酔いがさめていくのを感じた。
　勇治と雅彦が会計を済ませ、外の冷気にあたって、ぶるっと震えた。
　……当然だが、特に勇治は寒そうであった。

「楽しかったよ、またな」
「野口さんによろしく」

「では、また！」

　４人はそれぞれの想いを胸に、人通りが少なくなり静かな住宅街の顔を見せ始めている恵比寿の街を足早に歩いて行った。

M&Aのプロセス

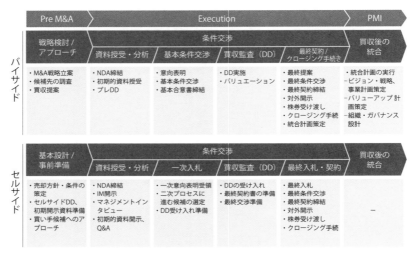

	Pre M&A	Execution				PMI
	戦略検討 /アプローチ	条件交渉				買収後の統合
		資料授受・分析	基本条件交渉	買収監査（DD）	最終契約 /クロージング手続き	
バイサイド	・M&A戦略立案 ・候補先の調査 ・買収提案	・NDA締結 ・初期的資料授受 ・プレDD	・意向表明 ・基本条件交渉 ・基本合意書締結	・DD実施 ・バリュエーション	・最終提案 ・最終条件交渉 ・最終契約締結 ・対外開示 ・株券受け渡し ・クロージング手続 ・統合計画策定	・統合計画の実行 ｰビジョン・戦略、事業計画策定 ｰバリューアップ計画策定 ｰ組織・ガバナンス設計

	基本設計 /事前準備	条件交渉				買収後の統合
		資料授受・分析	一次入札	買収監査（DD）	最終入札・契約	
セルサイド	・売却方針・条件の策定 ・セルサイドDD、初期開示資料準備 ・買い手候補へのアプローチ	・NDA締結 ・IM開示 ・マネジメントインタビュー ・初期的資料開示、Q&A	・一次意向表明受領 ・二次プロセスに進む候補の選定 ・DD受け入れ準備	・DDの受け入れ ・最終契約書の準備 ・最終交渉準備	・最終入札 ・最終条件交渉 ・最終契約締結 ・対外開示 ・株券受け渡し ・クロージング手続	－

Pre M&A？　Execution？　PMI？

Pre M&Aは「どのような方針で、誰と、どのようにM&Aを進めるか準備する段階」、Executionは「候補となる取引相手との情報共有や交渉を経て、M&Aの実施内容を決定する段階」、PMIは「統合・価値向上を進める段階」と簡単に表現すると、少しはわかりやすいかな

M&Aっていろんな作業があるんですね……

そりゃそうだよ。投資する側も投資を受ける側も慎重にもなるからね

お見合い、みたいな感じなのかなぁ。お互いがどういう人かをよく知ってから、婚約して、しばらくたってから結婚する、みたいな。結婚もした後が長いっていうし……

結婚したことあるの!?　全然知らなかった……

もう、そんなわけないでしょ。お母さんがときどき言うから

なるほど、会社同士の結婚ですか。わかりやすいたとえかもしれませんね

お互いをよく知ることが大事という意味では、確かに一緒だな

第 3 章

M&Aに登場する
プレイヤー

1　野口次長との打ち合わせ

４月XX日（水）9：00　日本橋

　翌朝、たろうは通勤電車に揺られていた。いつもよりも１本早い電車に乗っている。時折、昨日のワインの優美な、そしてどこか懐かしさを感じる香りが鼻腔の奥をくすぐる。ワインの余韻を楽しみながら、勇治と雅彦から聞いた話を思い出し、朝一番での野口次長との打ち合わせでの論点を頭の中で整理していた。

　たろうの勤めるひかり銀行では、水曜日は通常早帰りとなっている。
　しかし、今日は早帰りは無理そうだなぁと、たろうはぼんやり考えていた。

　気がつくと、日本橋駅に着いていた。改札を出て日本橋支店に目を向けたときに、野口次長が支店に入っていくのが見えた。仕立てのいいストライプのスーツに黒の靴、白のシャツに紺無地のネクタイ、手には経済紙。いつもの野口次長の出勤スタイルであった。たろうは、次長よりも遅く到着したことに少々焦りを感じながら、急いで支店に入っていった。

　席についてすぐ、野口次長から声がかかった。
　「たろう、席について早々で悪いんだが、昨日の件を相談しようか」
　野口次長から声がかかった。

　「はい！」
　まだ、頭の中で論点がまとまらないのだが、仕方がない。たろうは席を立って、野口次長の前に行った。

　「昨日の話だが、どう思う？　時間がなかったから、社長から状況を聞くだけで終わってしまったが」
　「そうですね、私としては、松岡内装を存続させるためにはいい話かと思いま

す」

「私もそう思う。うちの銀行としては、社長側についてM&AのアドバイザーとしてセルサイドFAの役割を担いたい。松岡内装にファンドを紹介した、はくたか銀行はファンドの支援をするはずだよな」

野口次長が自分に問うようにつぶやいた。

どうやら昨日、たろうが急に呼ばれたのは松岡内装の松岡社長だったようである。

「FA、どうなんでしょう。雅彦さんにも相談しますか？」

「そうだな。私から連絡しておく。そういえば、昨日は盛り上がったのか？　勇治は元気だったか？」

「はい。お元気そうでした。あと、私の大学時代の友人が、雅彦さんと勇治さんに、M&Aについていろいろと質問していたので、盛り上がりました」

「そうか、それは良かった」

野口次長は話しながらも、別のことを考えている様子であった。

「ところで、はくたか銀行がFAを担当するのかな？　DDをやるアドバイザーはどうするんだろうか？　北陸の銀行だし、昨日は東京支店が対応しているって言っていたよね」

「そういえば、昨日はFAやアドバイザーについては、松岡社長も、状況がよくわかっていないって言っていましたね」

「そうなんだよ。ファンドはすでにアドバイザーについては考えているだろうけど……。まあ、われわれは可能性があるとしたら、松岡社長のほうだな。松岡社長のほうのアドバイザーについては、どうするかがまだわからないし、社長と相談してみよう。今日の14時に改めて、本件について、相談することになっていたね」

「はい。本日の14時に松岡社長とのミーティングが入っています」

「たろう、悪いけど、それまでにM&Aの進め方と必要なアクションについて、M&A推進室と相談してまとめておいてくれ。あと、コンフリクトが起こっていないかのチェックも頼む」

「わかりました！」

元気よく答えたものの、どこか不安げなたろうを見て、野口次長が言った。
「M&A推進室の雅彦には今から電話するから、わからないことがあったら、雅彦に相談してみてくれ」
「ありがとうございます！」

　ほっとしながら、たろうは自分の席に戻り、午後の松岡社長とのミーティングに備えて資料の作成に取りかかった。
　視線の端で、野口次長が早速受話器を持ち上げているのが見えた。

　１時間後、資料をなんとかまとめたたろうは、雅彦に内線電話をかけた。
　すぐに雅彦が出た。

「雅彦さん、たろうです。昨日はありがとうございました！」
「いやいや、こちらこそ。それよりも、野口さんから電話があったぞ。昨日は松岡内装に行っていたのか。社長のほうのアドバイザーが決まっていないんだって？」
「そんな感じなんです。今日の14時に松岡社長とミーティングをするので、資料を作っていまして、雅彦さん、もし可能だったら、事前に見てもらえませんか？」
「いいよ、ちょうど午前中は外出がないから。現時点版でいいから、今、メールで送ってもらえる？　資料だけ添付して送って」
「はい、ちょっと待ってください……」

　たろうは作成した資料を雅彦にメールで送った。

「今、送りました」
「ありがとう、まだ届かないな……おっ、届いた」
　雅彦が送った資料を見ている間、たろうは邪魔にならないよう静かにしていた。

「うん、うん、よくできていると思うよ。昨日の話を聞いていたからかな？あっ、寝ていたっけ」

ちょっとからかうような様子が電話越しに伝わってきた。

「昨日の話をちゃんと聞いていましたから。あとは、論点をまとめようと思っています」

「なるほど。そうだなぁ、あとはどういうアドバイザーと契約したほうがいいかをまとめたほうがいいね。今回、松岡社長はセルサイドだが、事業計画の作成とかもサポートしたほうがいいね。中期経営計画は作っているのかな？」

「はい。昨年が１年目で、現時点の進捗状況も聞いています」

「了解。FAはうちがやるとして、事業計画のブラッシュアップをするアドバイザー、あとは弁護士が必要だね」

「弁護士ですか？」

「そう。契約書とかの作成や修正をサポートしてもらったほうがいい。知り合いのアドバイザーがいるから、松岡社長に紹介しよう。会計事務所系だが、弁護士も含めてワンストップでいろいろと見ることができるからね。社長はMond Advisoryって付き合いあるのかな？」

「雅彦さん、助かります！　教えてもらっていいですか？　社長に伝えておきます」

「じゃあ、もらった資料を修正するときに追記しておくから、見ておいて。今日のミーティングは14時だっけ？　別件の調整ができそうだから、俺も行くよ。一緒に行っても問題ないかな？」

「ありがとうございます！　確認してすぐご連絡します！　現地集合でいいですか？」

「そうだね、会社は日本橋だっけ？」

「はい。この後、会社の住所と地図を送ります。現地に５分前でお願いします」

「了解！　では、後ほど。資料送っておくので、印刷しておいて」

「はい、ありがとうございます！」

たろうはほっとした表情で電話の受話器を置いた。
不安げな表情は消えて、エネルギーが満ち満ちた表情になっている。
今日は、ネクタイがきちんと締まっているようだ。

主なプレイヤー		業務内容	関与するタイミング
FA （財務アドバイザー） 	●金融機関（投資銀行、証券会社、銀行） ●FAS（会計系コンサルファーム） ●M&A仲介会社	●M&Aにあたっての買い手、売り手の選定 ●M&Aのスキーム等進め方のアドバイス ●相手先との交渉や契約にあたってのアドバイス（特にビジネスジャッジ関連） ●DDの建付けについてのアドバイス ●企業価値の算定、社内説明支援	●Pre M&A～Execution～クロージング
LA （法務アドバイザー） 	●弁護士事務所	●基本合意書や最終契約書の作成など、ドキュメンテーションの支援 ●契約書の交渉にあたってのアドバイス ●M&Aスキームや、金融商品取引法・独占禁止法など、ディールに関わる法的事項へのアドバイス ●クロージングを主導的にサポート	●Pre M&Aの終盤～Execution～クロージング
DDアドバイザー	●FAS（会計系コンサルファーム） ●コンサルティングファーム	●ビジネス、財務、税務など、特定の領域に関して、対象会社の実態やリスクを調査・分析 ●DDにおける発見事項によっては、DD終了後も別途アドバイスをすることも	●ExecutionのDDフェーズ ●場合により、最終契約フェーズでも適宜アドバイス

 （たろう）M&Aに関わるプレイヤーっていっぱいいますね。こんなにいろんな人が関係するんだって初めて知りました

 （勇治）そうだよな。宣伝してやることでもないから、あまり身近な仕事には思えないよね

 （はな）FASって、会計系のコンサルティングファームですか？　会計事務所って、監査業務だけをしているところだと思っていました……

 （勇治）かつてはね。今は会計事務所も含んだプロフェッショナルグループとして、企業の課題に総合的に取り組むところが増えてきている。うちのファンドもよく一緒に仕事しているよ

 （雅彦）今回お世話になったMond グループもその1つだね。FASであるMond Advisoryや、Mond弁護士法人がいろいろと手伝ってくれたよ。……あと、銀行も重要なプレイヤーだよ、忘れないで

 （勇治）ごめんごめん、わかっているよ。FA以外にも、借入等の資金調達で重要な役割を持つこともあるよね

 （雅彦）M&A自体、会社にとっては一大事であることも多いから、いろんなプレイヤーをマネジメントするのも大変だね。信頼の置けるアドバイザーを選定しないと、混乱してしまうよ

 （勇治）まあね。FAもだけど、アドバイザーの選定はそういう意味では重要だね

2 ひかり銀行と松岡社長

4月XX日（水）13：50　松岡内装本社前

会社の入口の前でたろうと野口次長はなにやら話し込んでいる。

「そうか、やはりあのファンドだと、そうだよな……」
たろうから何か報告があったようで、野口次長は納得したような顔を見せた。

「はい。メーカー、特に同じような業種への出資実績はなく、過去の実績も含めて、サービス業中心のポートフォリオとなっています。松岡内装とは領域がやや異なる印象です」
「そうなんだよな、ちょっと不安だな……」
野口次長がそうつぶやいたときに、雅彦が2人に気づいたようで小走りに駆け寄ってきた。
今日も濃紺のスーツに薄い青のシャツである。今日は茶色のネクタイをしている。

「すみません、お待たせして」
雅彦は少し息を切らせている。

「いや、ちょっと早く到着してしまってな、問題ない。それにしても、運動不足じゃないか？」
野口次長が雅彦のほうを向いて答えた。

「ええ、最近忙しくて……ジムには行っているんですが……。ところで、何を話していたんです？　ちょっと深刻そうでしたよ」
雅彦が尋ねた。

「今回のファンドはあまりメーカーには強くなさそうなんだ。ましてやB to B だとなおさら、な」

　野口次長の言葉に雅彦もうなずいた。
「そうなんですよ。あと、グローバル展開している企業への投資もあまりないので、投資後のガバナンス構築とかも不安がありますね。松岡内装は海外にも子会社がありますし」
「そうだよな、まあ、今日は社長とどう進めるのがいいかを話してみよう」

　野口次長の言葉に雅彦とたろうはうなずきながら、３人は受付に向かった。

４月XX日（水）14：05　松岡内装本社　応接室

「お待たせして申し訳ない」
　松岡社長が作業着姿で応接に入ってきた。
　あわてて３人はソファーから立ち上がった。

「いえいえ、お忙しいところすみません。現場からですか？」
　野口次長がそれまで開いていた資料を閉じながら、社長に挨拶をした。

「いやいや、こちらこそ忙しいところ申し訳ない。デスクワークが得意ではなくてね、時折工場に行って現場の仕事を手伝っているんだ。まあ、座って話そうか」
　社長が座るのを見てから、３人もソファーに腰をおろした。
「早速だけど、昨日の件だが、メインバンクとしてはどう思うかな？」
　社長がやや前のめりになりながら、真剣な目で野口次長に尋ねた。

「事業承継という視点では悪い話ではないと思います。最近はファンドを活用して、事業承継を行う企業も増えています。また、その先に上場ということも考えられるので、会社が発展する可能性も広がるかと思います。当面は、ファンドの資金や人的ネットワークなどを使うことで、社内の改革を進めることも可能で

す。ただ……」

　野口次長の言葉にうなずきながらも、社長は聞き逃さない。

　「ただ……？」

　「ええ。投資実績などから、そのファンドが適任なのか……まあ、提案を聞いてみるのはいいと思います」

　社長は何か考えているように天をみてから、我が意を得たり、という表情でうなずいた。
　「野口さん。そうなんだよ。あまり業界に関しては詳しくなさそうで。この前会ったときも、勉強はしてきたようなんだが……メインの内装事業もだが、今後、伸ばしたいと思っている子会社のキャンプ用品事業に関しても、深い議論ができなかったな」

　野口次長が言葉を選びながら、社長に提案した。
　「ええ、いいファンドではあると思います。ただ、われわれも同じような感想です。社長、ここはビット方式にしてみませんか？　私の知っているファンドで、B to Bのメーカーへの投資実績もあり、最近、アウトドア系の事業への出資に注力しているファンドがあります」

　「ビット方式？」
　社長は考えていなかった様子で、不思議な顔をした。

　「いくつかの投資候補者を競わせることです。提案や価格が納得いくものなのかなどを比べることができます」
　雅彦が口を開いた。

　「なるほど。確かに、われわれのビジネスでも相見積りをとることが多いな」
　社長は腹に落ちた感じであった。

「それはいいな……でも他の候補はいるんだろうか？」
　社長の疑問に答えるように、野口次長が口を開く。

　「社長、あまり多くのファンドに声をかけてしまうと、売却の噂が広まってしまい、よくない影響につながることも考えられます。ここは、私の知っているファンドに声をかけてみませんか？　アウトドア系の企業への投資実績もあります。2つのファンドのどちらかを選ぶということで」

　ここまで聞いて、たろうははっとした
　（そういえば、昨日、勇治さんが話していたな、アウトドア系の事業に力を入れるって……）

　雅彦は事前に野口次長から聞いていたのか、顔色ひとつ変えずに野口次長に続けた。
　「社長、そのファンドは私も知っているのですが、グローバル企業への投資実績もあり、御社の海外展開の強化にも役立つと思います。一度、話を聞いてみませんか？」

　社長はソファーに深く座り直し、大きくうなずくと、野口次長の目をじっと見て言った。
　「わかった。野口さんに任せるので、話をしてみてくれ。今後、どうすればいい？」

　「社長、弊行を社長のアドバイザー、すなわちセルサイドFAとして契約していただけませんか。本件について、全面的に支援いたします」
　野口次長が力強く、社長に話した。
　社長は野口次長を頼もしく感じたのか、ゆっくりとうなずいた。
　時計の針は15時を過ぎようとしていた。

M&Aの買い手の種類

	フィナンシャルバイヤー （投資ファンドなど）	ストラテジックバイヤー （主に事業会社）
目的	●配当や、株式価値の上昇等を通じた財務的なリターンの最大化を目的とした買い手	●市場シェア拡大やバリューチェーン補完、新規事業参入などの事業戦略の実現を目的とした買い手
投資期間	●投資資金を回収するために、一定期間経過後に保有株式を売却する	●基本的に永続的な株式保有を前提 ●ただし、経営戦略の転換等により戦略上の保有目的がなくなった場合売却
投資後の関与	●短期間で企業価値を高めるために、保有する経営管理ノウハウを注入する	●既存およびその周辺事業では、実務において積極的な関与を図る ●新規事業やスタートアップ投資の場合は、独立性を保ち、融和的に関与する場合も多い

 たろう　M&Aと一口にいっても、ファンドが投資する場合と事業会社が投資する場合で結構違うんですね

 雅彦　そう。事業会社はストラテジックバイヤーとも呼ばれ、特に事業などの戦略的なリターンの実現を目指すためにM&Aをすることが多いんだ

 たろう　はなが目指していた、M&Aによる新規事業もそれにあたるわけですね

 雅彦　そうだね。一方で、ファンドなどでは持っている経営効率化の知見を活かして、コストの最適化や既存投資先との協業などで財務的な企業価値を高めていくため、フィナンシャルバイヤーともいわれる

 たろう　勇治さんのいるファンドがまさしくそれですね！　今回の案件はこれを目的にしていたのか……

 雅彦　いや、実はちょっと違うぞ。この２つのリターンをできる限り最大化するため、掛け合わせることも可能なんだ

 たろう　えっ、どういうことですか？

 雅彦　少し振り返ってみれば、自ずとわかるよ。ここではまず、"買い手ごとにM&A目的は違ってくる"ということを理解しておいて、企業を売却する際には、目的に応じて選択すべきということを覚えておこう

M&A取引の種類

	相対方式（<ruby>相対<rt>あいたい</rt></ruby>方式）	ビット方式（入札方式）
概要	●売り手と買い手が1対1で取引をする方式	●複数の買い手から条件を出してもらい、売り手にとって最も取引条件がいい買い手と取引をする方式
売り手のメリットや留意点	●売却検討の情報が、社内外に広まるリスクを減らすことが可能 ●売却後の戦略や提携（カーブアウトの場合）を交渉時から具体化できる	●価格面を中心に、最も取引条件が良い買い手を選択することが可能
買い手のメリットや留意点	●相対的に取引条件の交渉が容易 ●対象会社へのより深い理解や、買収後の戦略への議論が可能	●取引条件が不利となる（金額が高くなる）リスクが存在 ●期限の厳しい入札スケジュールへの対応が必要

 相対とビットでもプロセスが若干違うんですね

 そうだね。相対方式はよくイメージされるM&Aのとおり、売り手と買い手候補が1対1で交渉を進めていく方式だ

 なるほど、1対1であればさまざまな点で交渉次第で融通を利かせることができそうですね

 そうだね。一方ビット方式の場合、買い手候補が複数社になることから、ちゃんと足並みを揃えるために、よりスケジュールがシビアになることが多い。実際、アドバイザーを起用していない事業会社や、慣れていないアドバイザーだと、そのスピード感についていけない場合があったりするよ

 なるほど。M&Aの知見を社内に貯めておくことや、良いアドバイザーをうまく活用することって、とても重要なことなんですね。でも、売り手にとっては、少し優位な関係性を構築できる方式ともいえそうですね

 確かにね。ただ、それなりに買いたいと思ってもらえる候補が必要となるんだ

 売り手側も、売却する会社の事業内容や状況をもとに判断する必要があるんですね

3 社長、気を引き締める

5月XX日（金）9：00　松岡内装本社　社長室

　翌週の金曜日、雅彦は朝9時に松岡内装の社長室にいた。どこか落ち着かない様子で、手元のA3の紙を見ている。そこにはスケジュールが書き込まれていた。

　社長室の扉があき、松岡社長が入ってきた。

　今日は濃いグレーのストライプのスーツ姿である。白のシャツと薄いピンクのネクタイが若々しい印象を与えている。

「社長、おはようございます」

「雅彦さん、おはよう。今回はいろいろとありがとう。松岡内装の今後を決める良い話にしたいね」

「いえ。社長のお役に立てればと。今日は本件のスケジュールプランをもって来ましたので、ご確認していただけますでしょうか」

　雅彦は話しながら、A3の紙を社長の前に広げた。

「まずは、NDA、秘密保持契約を締結し、はくたか銀行から紹介されたかがやきファンドと、もう1つのファンドに松岡内装の初期的な情報を開示します。もう1つのファンドは、昨日、電話とメールでご説明しましたソレイユキャピタルです。改めての確認ですが、こちらの2社でよろしいでしょうか」

「ありがとう、大丈夫だ」

「ありがとうございます。松岡内装は非上場ですので、公開情報から取得できる内部情報は限定的です。したがって、開示できる情報を整理し、2社にインフォメーション・メモランダムとして渡します」

「初めから全部の情報を開示する必要はないんだな」

「仰るとおりです。インフォメーション・メモランダムの共有後、3週間以内に、LOI、意向表明書の提出を求めます。かがやきファンドは当然として、ソレ

イユキャピタルからもLOIは出てくると思われます。こちらでは、現時点での想定される投資金額の記載も求めます」

「ふむ」
社長は雅彦の説明に聞き入っている。

「社長、こちらでも確認しますが、インフォメーション・メモランダムに記載する事業計画の確認はお済みですか？ セルサイドDDのアドバイザーとして、Mond Advisoryに確認してもらっているとのことでしたので、大丈夫だと思いますが」
「今日の朝、Mond Advisoryから確認してほしいと修正版の事業計画が送られてきた。時間があまりなく、まだ詳細にデータを分析しきれていないので、暫定版とはいっていたが。中国向けの輸出が減少傾向にあるので、そこを修正したのと、物流コストを最新のデータに置き換えたと言っていた。あとからメールで送るが、これがその修正版だ。最終版の完成については、あと1週間強はほしいとのことだった」
「ありがとうございます。われわれもMond Advisoryと連携して確認しますが、いったん、こちらが最新版ですね。今日の夕方には、現時点のインフォメーション・メモランダムをメールでお送りしますので、確認いただけますでしょうか。できれば再来週初めには、両社に送りたく思っています」
「わかった」
社長がいつにも増して引き締まった表情で答えた。

雅彦は、言葉を続けた。
「再来週末にインフォメーション・メモランダムをファンド2社に開示すると、本格的にM&Aプロセスが開始します。今週のどこかでMond Advisoryも交えて顔合わせを行いたいのですが、私から日程調整をしてもいいでしょうか。リーガルアドバイザーも、Mond グループの弁護士法人でしたよね」
「うむ、よろしく頼む。Mond 弁護士法人に依頼してある」

雅彦は納得した顔で、再び、スケジュールの説明を始めた。

　「承知致しました。今後のスケジュールですが、意向表明書を受領した後、DDプロセスに進みます。本件では、２社ともDDプロセスには進むと思います。DD期間は４週間を想定しています。その後、両社から最終提案書を受領します。その段階で、１社に絞って交渉を行い、うまく進めばDA締結となります、全体で５ヵ月くらいでのクロージングを目指します」

　「なかなかの長丁場だな」
　社長はとうとう始まるな、という気持ちを物語るような引き締まった表情でうなずきながらつぶやいた。

M&Aのスケジュール

	約1ヵ月	約2ヵ月		1〜2ヵ月	1〜2ヵ月	〜数年
	Pre M&A	Execution				PMI
バイサイド	戦略検討／アプローチ	条件交渉				買収後の統合
		資料授受・分析	基本条件交渉	買収監査（DD）	最終契約／クロージング手続き	
	・M&A戦略立案 ・候補先の調査 ・買収提案	・NDA締結 ・初期的資料授受 ・プレDD	・意向表明 ・基本条件交渉 ・基本合意書締結	・DD実施 ・バリュエーション	・最終提案 ・最終条件交渉 ・最終契約締結 ・対外開示 ・株券受け渡し ・クロージング手続 ・統合計画策定	・統合計画の実行 −統合会社ビジョン・戦略、事業計画策定 −バリューアップ計画策定 −組織・ガバナンス設計
セルサイド	基本設計／事前準備	条件交渉				買収後の統合
		資料授受・分析	一次入札	買収監査（DD）	最終入札・契約	
	・売却方針・条件の策定 ・Seller's DD、IM準備 ・買い手候補へのアプローチ	・NDA締結 ・IM開示 ・マネジメントインタビュー ・初期的資料開示、Q&A	・一次意向表明受領 ・二次プロセスに進む候補の選定 ・DD受け入れ準備	・DDの受け入れ ・最終契約書の準備 ・最終交渉準備	・最終入札 ・最終条件交渉 ・最終契約締結 ・対外開示 ・株券受け渡し ・クロージング手続	－

M&Aって結構時間がかかるんですね。この案件だと、5ヵ月かかったんでしたっけ？

そうだね、なかなかスケジュールどおりに進まないこともあるから、それなりの規模を持つ会社同士のM&Aとなると、これくらいの時間はかかってしまうね。これでも少し早くまとまったほうだよ。交渉がうまく進まない場合もだが、グローバルで独占禁止法が絡む場合などは、なおさら時間が読めなかったりするんだ

初期の段階からしっかり準備をしつつ、予定外のことが起きてしまったらすぐ対応して軌道修正する……FAってすごく重要な仕事をしていますね

FAのミッションは“顧客の効果的なM&Aをスムーズに進行し、ディールをまとめ上げること”さ。もちろん効果的ではないM&Aと感じる点があれば、誠意をもってM&Aの中止を進言するのも仕事だね

4　勇治、満を持して

5月XX日（月）15：00　ひかり銀行　03会議室

翌々週の月曜日の午後、勇治は雅彦とひかり銀行本店の会議室で会っていた。
銀行の本店に行くのは、銀行を辞めてから初めてであった。
今日はショートパンツではなく、ダークグレーのスーツ姿である。

雅彦はワインバーのときとは違い、仕事モードの表情で話し始めた。

「勇治、NDAの差し入れありがとう。これまで、少ない情報しか開示できなかったが、インフォメーション・メモランダムが準備できたので渡したい。外部への情報漏洩を避けるため、相手先の会社の呼称は今後も"Moon社"としてほしい。……ところで、Moon社のことは知っていたか？」
「ああ、知っていた。子会社でキャンプ用品とか作っているよな。最近、車と連結させるテントが自動車メーカーに売れているらしいね。われわれの投資先候補としてリストアップされていた。他に優先すべき案件があったから、現時点で接触はしていなかったけど……」

雅彦は、それなら話が早いという表情で話を続けた。
「今回は、２社による入札で買い手を募ることになった」

雅彦の話を聞いて、勇治は興味津々の様子である。
「子会社のキャンプ用品製造会社も含まれるのか？　そうだとすると、非常に魅力的だな……」

「含まれる。興味あるよね？」

勇治が雅彦に尋ねた。
「おおありさ。Moon社のアドバイザーは雅彦が担当するのか？」

勇治の目をまっすぐ見ながら、雅彦は答えた。
「そう、私が担当する」

「そうか、しばらくは飲みに行けないな」
勇治も雅彦の目をまっすぐに見て答えた。

情報の取り扱い

	概要
機密情報管理	● M&Aを検討していること自体や、対象会社から提供された社内情報が機密情報に該当する。 ● これら機密情報を、第三者に漏洩したり、目的外の使用をされることを防ぐために、CA／NDA（機密保持契約）が締結される（第三者の定義には、社内のM&A取引に関わらないメンバーを含む）。
個人情報保護法	● デューデリジェンスを実施する際に、対象会社が保有する個人情報（経営陣の経歴や社員データ等）の提供を求めるケースも発生する。 ● 対象会社にとっては、このケースは個人情報保護法で禁止される「第三者」への個人情報の提供には当たらないとされている。一方で、買い手企業は、提供を受けた個人情報を機密情報として厳格に取り扱う必要がある。
ガン・ジャンピング規制	● M&A（合併・買収）の必要手続きが完了する前に、当事者同士（買い手、対象会社）が行ってはいけない行為への規制。 ● 当局の承認前のM&A取引の実行や、競争法上の違反行為（当事者同士での価格情報の交換等の行為等）が該当する。
インサイダー取引規制	● 上場会社やその子会社に関する重要事実や公開買付け等事実を知った者（会社関係者や公開買付者等関係者、情報受領者等）が、当該重要事実が公表される前に株券等の売買等や買付け・売付け等を禁止する規制。

 M&Aのときって、情報の取り扱いって難しいんですね

 何を話してもいいか、何を話したらダメかとか、どうやって判断するんですか？

 原則、NDAを締結しない限り、案件に関する情報は話してはダメなんです。たとえ家族や友達であっても、ちょっと自慢したくなるような気持ちをぐっと抑えて、当事者として、プロとして責任を持たなくてはいけませんね

 特に上場企業は注意が必要ですよね

 そうなの？

 たろうの言うとおり、上場企業だとインサイダー取引につながるおそれがあるからね。ただ、上場していようがしていまいが、情報はNDAを締結しないと何も出せないと思ったほうがいいかな

 わかりました！

5 社長、悩む

5月XX日（木）9：00　松岡内装本社　社長室

雅彦が勇治と会ってから3日後、たろうは野口次長と松岡内装の社長室にいた。
時計の針は朝の9時を指していた。
社長室の扉がゆっくりと開いた。
野口次長とたろうはソファーから立ち上がった。

「社長、おはようございます」
野口次長とたろうが声をそろえた。

「おはよう。今日は朝早くからありがとう。座ってくれ」
松岡社長がソファーにどかっと座り込んだ。
少々眠そうである。

「社長、お疲れですか？」
野口次長が社長の様子を気遣い、尋ねた。

「いやいや。昨日、私の誕生日のお祝いということで、昔、一緒に仕事をした
人からワインが届いてね。いやー、ちょっと飲みすぎたな。こんなタイミング
だったから控えようと思ったんだが……」
社長は嬉しそうに話した。

「そうなんですか。社長がそこまでお飲みになるって珍しいような……？」
たろうが思わず口に出した。

「そうか？　おいしい白ワインだったからな、普段はビールばかりなんだが
……飲みすぎたと思って、サプリメントは飲んでみたんだが。そうそう、まこと

58

マヨネーズのサプリメントを最近飲んでいてな、おすすめだぞ」

「お祝いのお酒だと、ついつい飲みすぎてしまいますよね……」
野口次長が何かを思い出すかのように答えた。

「ところで、社長、本題です。ソレイユキャピタルについてはどのような印象ですか？」
野口次長がモードを切り替えて、話し始めた。

「ああ、いいと思う。なかなか業界にも詳しそうだし、グローバルという点でも、わが社にとってプラスになりそうだ」
「そうですか、それはよかった」
野口次長はちょっとほっとした様子である。

「ただ……」
社長は何か思案しているような様子である。

「ただ？」
野口次長の顔が、少々不安げになる。

「ソレイユキャピタルもかがやきファンドもだが、100％ファンドに出資してもらうのがいいか、どうか。ファンドが抜けた後も、事業を先々発展させていくことを考えると、事業パートナーとなるところにも参加してもらうのがいいのでは、とも思っている。特に、キャンプ用品の製造に関しては、これからグローバルで力を入れていくべき事業だろう。例えば、ファンドと一緒にどこか事業を展開してもらえる会社に参加してもらうことは可能だろうか？」
社長の視線はどこか遠くを見つめているかのようであった。
すでに会社を次の世代に渡した後の未来予想図を描いているようであった。

投資スキーム

	単独での投資	コンソーシアムでの投資
Pros (利点)	● 1社で投資の意思決定を判断することが可能であり、相対的に意思決定スピードが速い ● 買収後のリターンを1社で享受することが可能	● コンソーシアムを組成することで買収資金の調達が容易となる ● さまざまなノウハウを持ったプレイヤーが揃うことで、買収後の価値向上を多面的に行うことが可能
Cons (欠点)	● 買収金額が、当該企業の資金調達能力に依存してしまう ● 提供可能なノウハウが限定的となり、買収後の価値向上が十分に進まない可能性	● 複数プレイヤーが関わることで意思決定のスピードが落ちて、入札スケジュールに対応できないリスクが想定される ● 各社に配分されるリターンの絶対額は相対的に小さくなる

はな　投資は1社じゃなくてもいいんだ……

たろう　いろいろな理由があるけど、複数の企業が組んで投資を行うケースも多いみたいだね

はな　いろいろな理由?

たろう　そう。事業会社とファンドが組む場合は、事業会社のリスクヘッジや足りない機能の補完という意味が多い。ファンドがEXITする際には優先的に株を買い取れる権利をつけたりするんだ

はな　ふ〜ん、ファンドにもメリットはあるの?

たろう　うん。ファンドとしては、事業を成長させ、企業価値を高めるためには事業をドライブできるパートナーがいたほうがやりやすい。人材の確保という視点もあるし。なので、事業会社に入ってもらったほうがうまくいくと判断することもある。あとは、EXITすることを考えると、株の有力な売却先がすでに見えているといえるのも、価値があるんだろうね

勇治　たろう、成長したな……

たろう　勇治さん!　当たり前です!　今回の案件をケーススタディとして勉強したので、かなり詳しくなりましたよ!

6 勇治とはなの、仕事の話

5月XX日（月）15：00　？？？社　第5会議室

　曇り空が増えてきた5月末、勇治はある会社の会議室で松岡内装に関する資料を眺めていた。
　窓の外では、雲の切れ間から、太陽の光が伸びていた。
　勇治はどこか落ち着かない様子であった。
　予定の時間よりも少し早く会議室のドアが開いた。

「勇治先輩！　お待たせしてすみません」

　そこには、はながいた。
　上司と思われる男性が後ろから入ってきた。

「初めまして。はなの上司の、大矢と申します」
　無地のダークグレーのスーツの男性が口を開いた。

「初めまして、ソレイユキャピタルの降谷と申します。よろしくお願いいたします」
　勇治も名刺を差し出しながら、挨拶をした。
　はなは勇治の名字を久しぶりに思い出したのだが、悟られないようにちょっと下を向いた。

　3人は、会議室に向かい合うように座った。

「さて、降谷さん。今回の件ですが、弊社としては、自動車とアウトドアを組み合わせた新規事業を進めるにあたり、非常に良いチャンスだと思っています。もちろん、正式にデューデリジェンスなどを行ったうえでの判断となりますが、

61

社内でも前向きに考えたいという意見が大半です」

　大矢部長の言葉に勇治はほっとした表情であった。
「ありがとうございます。われわれとしても、御社と共同投資できれば、松岡
内装の事業を加速度的に成長させられるのではないかと考えています。ぜひ、今
後の具体的な進め方について、ご相談させてもらえればと思っています」

「ぜひ。われわれの今後の事業プランは、いままとめています。また、本件の
窓口はわれわれが務めます」

　ワインバーとは違う社会人としての顔で、はなが答えた。
「降谷さん。よろしくお願いします」
　ちゃんと苗字を覚えたようである。

第 **4** 章

企業の価格

1　経営企画部長、仲山

６月XX日（月）10：10　松岡内装本社　社長室

　その後、意向表明書が２社から提出され、２社ともDDに進むことが決まった。
　ソレイユキャピタルは、はなの勤めるヒノマル自動車販売との共同投資ということであった。
　DDの開始を来週に控えており、雅彦が松岡社長との打ち合わせのために、社長室で座って待っている。
　約束の時間から10分過ぎている。

「社長、遅いな……」
　雅彦がつぶやいた、まさにそのとき、社長が40代と思われる男性と一緒に、扉を開けて入ってきた。
　雅彦が立ち上がった。

「雅彦さん、お待たせしました。ちょっと、別件の打ち合わせが延びてしまって」

「いえいえ、お忙しいところ、すみません」

　社長と一緒に入ってきた男性が雅彦の目をしっかりと見ながら、名刺を差し出した。
「初めまして、経営企画部長の仲山です」
　スーツを着こなし、いかにも企画畑という雰囲気である。

「初めまして、雅彦です」
　雅彦も名刺を差し出した。

「仲山君には今回、わが社の窓口を務めてもらうことにした。よろしく頼む。さあ、座ろうか」

社長の口ぶりから、仲山への信頼の高さがうかがえる。

３人はソファーに座って話し始めた。

「わかりました。よろしくお願いします。仲山さん、M&Aのご経験はございますか」

雅彦が質問した。

「実は、前職がMond GroupのFAS、本件をサポートしてもらっているMond Advisoryでした。戦略部門だったので、FAではないんですが……また、５年近く前なので、どこまで感覚が戻っているかわかりませんが……」

仲山が言葉とは裏腹に、やや自信はありそうな表情をしている。

「なるほど。それは安心です。早速ですが、DDに必要な資料の準備はどこまで進んでいますか？　今回は海外子会社もあり、大変だと思いますが……」

「比較的順調に進んでいます。VDRへの格納も７割くらいは済んでいます」

仲山の言葉に雅彦は安心したようである。

「ありがとうございます。ほっとしました。引き続き、よろしくお願いします。QAですが、毎週水曜日に受け取り、金曜日にお返しすることでよろしいですか？　御社の負担を減らすために、週１回にしようと思っています」

「わかりました。頑張って参ります」

仲山もとうとう始まるなという顔でうなずいた。

VDR活用のメリットと主なVDR

VDRとは		● 主にDD実施時に活用する、売り手側と買い手側の資料共有を円滑化するプラットフォーム ● アクセスできるアカウントの設定や資料閲覧方法、ダウンロード方法等さまざまなオプションを選択することができるため、重要資料のセキュリティ保持を行ううえで非常に重要な役割を持つ ● 往々にしてセルサイドFAが顧客である売り手・対象会社と相談しながらVDR会社を提案・選定し、管理等を担当する
活用のメリット	買い手	● データへのアクセスが、即時かつ24時間可能 ● 訪問や印刷にかかる時間・工数が不要 ● 社内関係者や外部アドバイザーへのデータ共有・管理が容易
	売り手・対象会社	● 詳細な権限設定等、セキュリティ環境下でデータの管理・保管が可能 ● 社内に、ディールの存在・情報の漏洩を防ぐことが可能 ● ファイルの閲覧状況を確認することで、どの買収検討者が何に興味があるかの把握が可能

はな

VDRってなに？

たろう

バーチャル・データ・ルームのことだよ。DDのときに、売り手側と買い手側が資料を共有するためのプラットフォームだね

はな

ああ！　確かに、どうやって資料やり取りをするんだろうってずっと思ってた！　DDアドバイザーの人にいろいろお願いしちゃっていたから、全然知らなかった……

たろう

あらら……。昔はDDに必要な資料を紙でファイリングしていたんだって。コピーも管理したりして。そのファイルを保管／開示する場所をデータルームと呼んでいたんだってさ。

はな

紙！　大変そう……

たろう

最近はデータで保存して、バーチャルなデータルームを開設することが圧倒的に多いから、それをVDRと呼んでいるんだ

はな

そうなんだ、テクノロジーの活用がM&Aの現場でも進んでいるんだね！

2 2社からの価格提示

7月XX日（月）11：30　松岡内装本社　社長室

　QA対応も仲山が奮闘したことで順調に進み、DDは大きな問題なく終了した。
仲山は昔取った杵柄という様子で、てきぱきとさまざまな作業を進めていた。
　DDの結果を踏まえた最終提案書の提出期限が本日となっており、いまだ雅彦
からの連絡がないことに松岡社長がそわそわしている。

　「仲山君、FAから連絡はあったか？」
　松岡社長は落ち着かないのか、午前中にもかかわらずまことマヨネーズの新製
品であるマヨネーズおかきを口にしながら尋ねた。
　仕立てのいいグレーのスーツにおかきの粉がついてしまっている。

　「いえ、まだありません。12時が最終提案書提出期限なので、おそらく午後に
なるかと思います」
　仲山は冷静に答えた。

7月XX日（月）11：30　ひかり銀行　03会議室

　ちょうどそのころ、雅彦は勇治と銀行の会議室で向かい合っていた。
　ソレイユキャピタルの提示金額が、雅彦の想定よりも低かったようである。

　「なるほど、なかなか厳しい見立てだな……」
　雅彦がつぶやいた。

　「すまないな、われわれサイドでは、中国での販売不振がMoon社の想定より
も長く続くとみている。あとはオペレーションコストももう少し高くなると判断
した。生産設備の一部が老朽化して生産が非効率になっていることもオペレー

ショナルDDでわかったから、追加の設備投資も必要だと判断した」
　勇治がちょっと困ったような顔で答えた。

　「なるほど。それで、予想するEBITDAの水準がこうなるわけか……。ヒノマル
自動車販売とのシナジーはどう見ている？」
　雅彦は仕方ないかなというような表情で勇治に尋ねた。

　「ヒノマル自動車販売とのシナジーは、キャンプ用品販売の拡大が大きいかな。
はなが、かなり頑張って買収後の事業計画を立てている。子会社の製品販売もだ
が、将来的には、Moon社との製品の共同開発も視野に入れている。移動とアウ
トドアの一体化だ」
　勇治は、はなの頑張りを思いだしたのか、はっきりとした口調で答えた。

　「なるほど、わかった。社長に話してみるよ」

　「よろしく頼む。うちのファンドとヒノマル自動車販売のコンソーシアムは、
Moon社の成長に大きく貢献できると思っているよ」
　勇治は雅彦の目をまっすぐに見て、自信ありげに伝えた。

価格の決め方：バリュエーションの方法

	主な算出方法	概要
インカム アプローチ	DCF法	●対象企業（事業）の事業計画をベースに、将来キャッシュフローを算出する ●WACCや永久成長率を割引率として用いて、将来キャッシュフローの現在価値を算出し、各キャッシュフローを合計して事業価値を算出する
マーケット アプローチ	マルチプル法（類似企業比較法）	●評価したい企業と、事業内容が類似する上場会社を数社選定する ●類似企業の財務指標と、企業価値や株式時価総額の評価倍率（マルチプル）を算出し、適用する評価倍率を決定（平均値もしくは中央値） ●評価したい企業の財務指標に、適用する評価倍率を用いて、企業価値や株式価値を算出する
アセット アプローチ（コストアプローチ）	簿価／時価純資産法	●貸借対照表上の簿価を用いて純資産額を算出する、または資産負債を時価評価して時価純資産額を算出する

改めて思うんだけど、M&Aのときの買収価格ってどう決めるんだろう？

最終的に交渉事ではあるんだけど、まずはバリュエーションをきちんとやらなきゃいけないね

どうやってやるの？

大きくは3つ方法があるんだ。事業計画をベースに将来キャッシュフローの現在価値を算出するDCF法、同じような事業を行う上場企業の株価や利益の倍率や実際の買収事例での買収価格と利益の倍率などから算出するマルチプル法、純資産などアセットを見て判断する方法の3つ。DCF法とマルチプル法がよく使われるかな

どう使い分けるの？

使い分けるというよりも組み合わせて総合的に判断するって感じかな。最後はその数字を見ながら交渉をすすめて、合理的に判断するという感じらしいよ

なるほど、奥が深くて難しそうだ……

3 売却先、決まる

　最終提案書提出期限日の午後、雅彦は松岡内装の社長室にいた。時計の針は15時を示していた。

　「う〜む、価格的にはかがやきファンドのほうが少し高いな……」
　社長が絞り出すように声を出した。

　ソファーの前の机には2つのファンドからの最終提案書があり、その資料を見るように3人はやや前のめりで議論していた。

　「そうですね。確かに価格ではかがやきファンドです。投資後の事業戦略という点ではいかがでしょう」
　雅彦が社長と仲山に問いかける。

　「仲山君、どう思う？」
　社長が仲山に目をやった。

　「そうですね、事業戦略という点ではソレイユキャピタルのほうが断然いいと思います。私が重視した点は3つです。1つ目は中長期的なグローバル戦略の具体性、2つ目に新規事業の魅力度、最後にカルチャー変革の可能性です」
　社長は、ふむふむといった様子で、仲山の言葉に聞き入っている。

　仲山は雅彦をじっと見ながら言葉を続けた。
　「まず、グローバル戦略の具体性ですが、ソレイユキャピタルはグローバルでのポートフォリオの活用で新たな販路の開拓やさらなる提携先の探索を進めていくとしています。特に、弊社の今後の成長の柱の1つとなりうるB to Cへの展開、

とりわけアウトドア事業という点でハワイの既存出資先との協業というのは非常に魅力的です。また、キャンプ用品もですが、従来の内装事業に関しても、ヒノマル自動車販売での新規事業との連携が見込めます。さらに、グローバルでのホテルチェーンやハウスメーカーへの内装関連事業の紹介も具体的な企業名を挙げています」

「確かに。かがやきファンドの戦略は国内強化が主で、グローバルという点では具体性が乏しいな……」
社長が納得した顔でうなずいた。

仲山は続ける。

「新規事業の魅力度ですが、既存の内装事業の新規用途への展開、アウトドア事業の成長加速に加え、アウトドアライフスタイル提案企業への進化というコンセプトは納得感があります。特に、食にも着目して、移動、滞在、食事をキーワードにした事業展開、さらには、そのライフスタイルを日常にも実現するというのは面白いと思います。普段の居住空間でも自然を感じる内装など、既存事業への波及も大きいのではと感じています」

社長は腹落ちした顔つきでじっと聞いている。

「カルチャー変革ですが、これはかがやきファンドの戦略提案には含まれていません。ここは今後の当社の成長にとって重要な点だと考えます。
グローバル事業の加速や新規事業の強化には、私自身、今の松岡内装のカルチャーを、より戦略的に変えていく必要があると感じています。その点では、ソレイユキャピタルがB to C事業の展開強化と合わせてアウターブランディング、インターナルブランディングの両方について触れているのは評価できます」

仲山は一気に話して口が乾いたのか、目の前にあるお茶を飲み干した。

「さすがですね、仲山さん、整理されていて、非常にわかりやすかったです」

雅彦が思わず言葉にして、仲山に話しかけた。

「いえいえ、思ったことをそのまま言ってしまっただけで……」
仲山は急に褒められたことで、少し照れながら答えた。

「うむ……。価格については、今後の交渉ということもあるし、差はそれほど
大きくはないともいえる。何よりも松岡内装の未来を託すということから、ソレ
イユキャピタルとヒノマル自動車販売のコンソーシアムが望ましいと思う。あれ
だけの事業戦略をしっかりと提示してもらえると、今後の松岡内装の成長が期待
できる。ソレイユキャピタルとヒノマル自動車販売のコンソーシアムを交渉相手
としよう」
社長が意を決したような表情で、雅彦をじっと見て力強く話した。

4 M&Aのクロージング

その後、税務ストラクチャリングの検討、出資スキームの決定を経て、無事に株式譲渡契約が締結された。

最終的に、出資比率はソレイユキャピタルが51％、ヒノマル自動車販売が49％出資ということになった。

ヒノマル自動車販売から、大矢部長が取締役として、はなが新規事業担当として松岡内装の業務を兼務することになった。

ソレイユキャピタルからは、勇治が取締役として、松岡内装の経営陣に加わる。

松岡社長は半年をめどに引退し、順調にいけば、仲山が社長として後を継ぐ予定である……。

9月XX日（月）12：00　ひかり銀行本店　社員食堂

たろうはひかり銀行本店に研修で来ていた。

社員食堂でラーメンを食べているときに、背後から声をかけられた。

よく知っている声であった。

「たろう！　今日は本店か？」

「雅彦さん！　（あっ……）そうなんです、研修で……」

たろうは、お気に入りのレジメンタルのネクタイにとんだラーメンの汁の跡を気にしながら答えた。

「そっか、何の研修？」

「M&A実務研修です」

「おお、ちょうどいいね！　松岡内装の件もあったし、よかったな」

「そうなんです。松岡内装の件ではありがとうございました。社長もすごく喜んでいました」

「そうか、それはよかった」

雅彦は少し、ほっとしたような表情を見せながら、たろうの横に座った。

「でもね、たろう。まだM&Aは終わっていないんだ」

「え、そうなんですか？　株式譲渡契約は結ばれたって社長から聞きましたが
……」

「もちろん、株式譲渡契約は結ばれた。だが、クロージングは来月に予定され
ている」

「クロージング？」

「そう。特に、松岡内装の重要顧客であるヒノマル自動車販売に本件の説明と
引き続きの関係維持を確認しなければならない。昨年は、販売店の内装関連で売
上の10％を占めているからな……まあ、ヒノマル自動車販売も共同で株主にな
るし、大丈夫だろうけど」

「チェンジオブコントロールは大丈夫だったんですよね？」

「おっ、研修で出てきたか？　そうだ、チェンジオブコントロールについては、
特に問題なかった。ただ、念のため、今後の取引の確約を得ておきたいっていう
ことだね。チェンジオブコントロールは理解できたか？」

「契約者の状況変更に応じた既存契約の存続可否に関する規定ですよね。研修
でも出てきたので、理解できました。それにしても、契約が締結されたって聞い
たので、完全に終わったものと思っていました……」

「おいおい、たろう、M&Aはクロージング後が本番だぞ。研修で教えてもらわ
なかったか？」

「PMI研修は午後なので……」

「はははっ、まあ、しっかりと勉強してくれ」

「はい！」

　たろうは午後の研修に向け予習したことを思い出しながら、ちょっと伸び気味
になっているラーメンを一気にすすった。

税務ストラクチャリングでの主な論点

主な論点	概要
どのM&A手法を選択するか	● 組織再編の一般的なスキームである事業譲渡と会社分割では課税ルールが異なっているため、取得する事業範囲や形態、支配レベル等に照らし合わせて、スキームを選択する必要がある ● 一般的に、事業譲渡では、譲渡する事業の譲渡益に対して課税されたり、消費税や不動産取得税が発生する一方、会社分割では、特定要件を満たす場合は譲渡益が非課税になったり、消費税や不動産取得税は発生しないとされている
適格組織再編に該当するか	● 組織再編税制では、組織再編のパターンを適格組織再編と非適格組織再編に区分し、それぞれの課税ルールを定めている。そのため検討している案件が、適格要件（企業や事業に対する支配の継続性）を満たしているかを確認する必要がある
繰越欠損金の引継ぎは可能か	● 繰越欠損金を利用した節税を目的とした組織再編を防ぐために、欠損金の利用を制限する規定が存在するため、検討している案件ごとに対象会社の繰越欠損金の引継ぎ可否を確認する必要がある ● また定義上は欠損金の利用が認められるケースでも、不当に税負担の軽減を図っていると認められる場合は、税務署長から欠損金の利用を制限されるケースもある

 M&Aでも税金って考えなければならないの？

 うん、そうみたい。結構重要な論点だって聞いたよ

 そうなんですよ。税務はM&Aとは切り離せないんですよね。投資スキームとも関係してくるのですが

 そうなんですね、M&Aって、この前結婚みたいだって言いましたけど、実務から見ると、まるで総合格闘技みたいですね

 はな、面白いこと言うね

 はなさん、それもまた言い得て妙ですね。確かに、M&Aは、いろいろな専門家がその知識と経験をフル活用して推進をサポートします。まさに知見の総合格闘技です。われわれも毎回、全力を尽くしています。そういう点を考えると、どういう専門家を活用するかというのが非常に重要だと思います

M&Aの主なスキーム

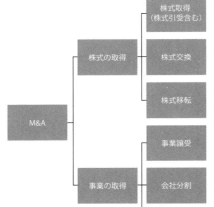

スキーム概要

M&A	株式の取得	株式取得（株式引受含む）	・対象会社の株式を取得する手法 ・他の手法と比較して取得手続きが容易
		株式交換	・完全子会社となる対象会社の株主が保有する対象会社株式と、親会社となる会社の株式を交換する手法
		株式移転	・完全子会社となる対象会社の株主が保有する対象会社株式と、新設会社の株式を交換する ・持株会社を設立する際によく用いられる
	事業の取得	事業譲受	・会社の事業（人材や商圏含む）の全部または一部を他社に譲渡する手法 ・譲渡対象を個別に選定するため、簿外債務やリスク等を遮断したい場合に用いられる
		会社分割	・会社の一部を切り出して、既存もしくは新設会社に承継させる手法 ・事業譲渡と類似しているが、承継事業の権利義務が包括的に承継される点が特徴
		合併	・複数会社の法人格を、既存もしくは新設会社に承継させ、他方の法人格を消滅させる手法 ・被合併会社の権利義務のすべてが承継会社に引き継がれる

 M&Aのスキームっていろいろあるんだね、単純に会社を買う、売るって関係でしか捉えられてなかった……

 そうだね、案件ごとに最適なスキームを選択していかなきゃならないから、多面的にスキームの利点と欠点、すなわちPros/Consの分析が必要となるんだ

 多面的にスキームのPros/Consの分析ねぇ……あのたろうが……

 今回の案件は、松岡社長が持っていた松岡内装の全株式を、ソレイユキャピタル51％、ヒノマル自動車販売が49％、それぞれ"株式取得"した、というスキームだったね

 で、たろうはその他のスキームも理解しているの？

 ……さあ、一緒に勉強していこう！

第 **5** 章

M&Aの成功とは

1 大矢取締役、語る

３月XX日（月）19：00　恵比寿

　クロージングから数ヵ月後、恵比寿にあるワインバーで、はなが１人、白ワインを飲んでいる。
　店の入口には、把手部分に葡萄の房が彫刻された重厚な木の扉がある。
　今日もどうやら前回と同じ店のカウンターの席に座っているようだ。
　飲んでいるワインも、以前飲んでいた白ワインと同じものであった。
　そこに大矢が入ってきた。

「お待たせ。降谷さんはまだ？」
　大矢がグレーのスーツの上着を脱ぎながら尋ねた。

「まだです。ちょっと遅れるみたいですよ」
　はなは、ワインがわずかに残っているグラスを横にずらしながら答えた。

「いいワインだろ、それ」
　突然、大矢が言った。

「おいしいです。ご存じなんですか？　すごい小さなワイナリーで作られているから、あんまり出荷されてないって聞きましたが……」
　はなは、驚いた顔で聞いた。

「ラベルを見てごらん」
　大矢がいたずらをするような表情で、はなに示した。
　ラベルには２人の男性が握手をしている姿をモチーフとした絵が描かれている。少々年の離れた２人の男性だが、１人はどこか優し気で、１人はどこか決意を秘めた顔をしている。

「これが何か？」
はなが不思議そうな顔で尋ねた。

「実は、このワインは私も関係しているワイナリーで作られているんだ。正確
に言うと、私が保有している40本の葡萄の木があるワイナリーで実った葡萄か
ら作られたワインなんだ」
大矢がさらっと言った。

「えぇ！？　どういうことですか？」
はながわけがわからないという表情で大矢を見た。

大矢が語り始めた。
「20年ほど前、私はM&Aアドバイザリー会社にいたんだ」

「えっ、初耳です！」

「わざわざ言いふらすことでもないからな。そのとき、初めて責任者として担
当した案件があった。当時はまだ経験を積んでいなかったこともあり、多くのミ
スがあって、私の上司は私を案件から外したほうがいいのではと考えていた。そ
のとき、われわれが支援していた会社の専務が、私に最後まで案件を担当しても
らいたいと言ってくれたんだ」
大矢は懐かしそうに遠い目をした。

「その専務が今の松岡社長なんだ。松岡内装がキャンプ用品製造会社を買収し
たときの案件がそれでね。松岡社長は実は大のビール派で、ワインはあまり飲ま
ない。当時社長だった松岡社長のお父さんの出身地である能登のワイナリーの1
つが、後継者がいないことで廃業の危機に瀕していた。社長が大のワイン好きで、
そのワイナリーのワインを気にいっていた。そこで、社長が発起人となって、ピ
ンチを救うために能登出身の若手経営者何人かと、そのワイナリーを買収したん
だ」

「そうなんですね、でも、それがなんで大矢部長……っと、大矢取締役とつながるんですか？」

はなが怪訝そうな顔で尋ねた。

「いいよ、役職なんか付けず大矢さんで。そのワイナリーは公募で手をあげた、熱意だけはあるがワイン造りの経験がない地元の青年に経営を任せたんだ。初めは試行錯誤でうまくいかなかった。でも、社長たちは温かく見守って任せ続けた。その青年もその期待に応えて、努力を重ねた結果、数年後にワインの品質も昔に戻り、いや、昔以上に品質が良くなり、経営も軌道に乗った。その後、しばらくして、経営を任せていた人からワイナリーを買い取りたいと申し出があった。そのときに、出資していた社長たちに、お礼ということで何本かの葡萄の木の保有権を与えたんだ。その葡萄からできるワインを毎年届けることを約束して。私が案件を担当していたのは、ちょうどその話があったタイミングだったから、松岡社長から事情を聞いていたんだ」

はなは、大矢の話に聞き入っている。
大矢は続けた。

「案件は、なんとか無事にクロージングまで行ったが、FAとしては反省が多い案件だった。私はそのことを忘れないように、また社長への御礼ということもあって、社長が保有する葡萄の木を何本か買いたいと申し出た。その後、案件をクロージングするたびに１本ずつ、葡萄の木を社長から購入した。M&Aアドバイザリー会社から今の会社に移るときには、葡萄の木は40本になっていた。ワイナリーの経営者にお願いして、私が保有する葡萄の木から特別にワインを作ってもらい、そのラベルには２人の男性が握手をする絵をかいてもらった。社長とワイナリーの経営者、社長と私の意味を込めて。その後、そのワイナリーはその絵を気に入って、すべてのワインのラベルをこの絵にしたんだ」

そこまで話し終わり、大矢は目の前に注がれた白ワインを一口飲んだ。
その表情は昔の苦い思い出に耽るようにも、その後に流れた年数をかみしめているようにも見えた。

そこまで話し終えた後、勇治が入ってきた。

「お待たせしました。すみません」
　今日はさすがにスーツ姿で現れた勇治が、ストライプのスーツの前ボタンを外しながら、カウンター席に腰かけた。

「いえ、私は今、来たところですよ」
　大矢が答えた。

「私は待ちました……」
　はながむくれた表情で勇治に言った。

「ごめんごめん。ヒノマル自動車販売に行っていてね。新たな業務提携について、説明してきた。移動、滞在、食事をキーワードにした事業展開、さらには、そのライフスタイルを日常にも実現するということを説明したら、面白いって。次は、まことマヨネーズだな。キャンプでも手軽に食べられる食品と調味料の開発をお願いしなきゃ」
　勇治がおしぼりで顔を拭きながら答えた。

「勇治先輩、それはちょっと……」
　はなが顔をしかめながらつぶやく。相変わらず独り言を声に出してしまうようである。

「ごめんな。で、大矢さんは加納社長と会えました？」
「ええ、昨日お会いしました。かなり興味をもってもらえました。あと、面白い話を聞きました」
「面白い話？」
　勇治が興味津々という表情で大矢の話に食いつく。

「ええ、サプリメント開発事業を拡大し、フィットネスジムに商品を置いてもらったりしていたんですが、自社でフィットネスジムの運営を始めるらしいです」

「あ、それでだったんだ……」
　はなが思わず２人に聞こえないくらいの小声でつぶやいた。

　「フィットネスジムは最近乱立気味で、あまり会員がいないジムも増えてきているようで、そういうジムを買い取っているようです」
　「なるほど」
　大矢の話に勇治はうなずいた。

　「買い取ったジムでの会員情報やノウハウを活かして、屋外でのフィットネスの事業を検討しているようです。アウトドアフィットネスとか言っていましたね」
　「屋外のフィットネス？」
　「ええ、ヨガなどを浜辺で行うことがあるように、トレーニングを屋外で行うプログラム開発などを行っているようです。器具も開発しているとか。ゴルフ場やキャンプ場などの有効活用も狙っているようです」
　「なるほど……。そういえばはな、さっきなんかつぶやいていたけど、何だったんだ？」
　勇治が、はなに目をやった。
　はなの声は聞こえていたようである。

　「実は私が通っているジムが、先月まことジムに名前が変わりまして……」
　「まさか！」
　大矢と勇治が同時に声を上げる。

　「多分、それで、面白そうなプログラムがあるから、来週末に参加するんですけど……あ！」
　「それがアウトドアフィットネス！！」
　３人が大きな声を揃えた。

　はなが説明し始める。

「浜辺で腕立て伏せしたり、樹脂で作られた器具を持ち込んで、海を見ながらトレーニングをしたりとかあるみたいです。ゴルフ場やキャンプ場以外でも、森でやることもあるみたいですね。雅彦さんも行くんですが……」

「ん？　雅彦？」
勇治が驚きながら尋ねた。

「あ……っ、そ、そうなんです」
はなは、しまったという顔でしぶしぶ答えた。

「ほほう。それは詳しく聞かないと」
大矢と勇治が同時にはなのほうを向いた。

「恋愛もまた、M&Aみたいなものか……」
大矢が、何かを思い出すようにつぶやいた。

「なんだか、人生の深みを感じるお言葉ですね……」
大矢を見ながら、はなはしみじみと答えた。

その夜、3人は、大いに盛り上がった。
ワインのラベルの絵の2人が、心なしか笑顔になっている気がした。

PJ Moonの振り返り

勇治　さあ、たろう、はな。PJ Moon、松岡内装のM&Aも完了したし、後学のために、何があったか整理してみようか

たろう　**はな**　はい！

雅彦　とりあえず、PJ Moonに関わった人たちの関係性を図にしてみたよ。これをもとにして、振り返っていきましょう

〈PJ Moon　関係者の相関図〉

セルサイド	バイサイド

松岡内装
本ディールの売り手/
売却対象会社
非上場
松岡社長

窓口
案件の担当者
仲山部長

M&A推進室

雅彦
セルサイドFAを
担当

ひかり銀行
都内のメガバンク
松岡内装のメインバンク
日本橋支店
野口次長　**たろう**

Mondグループ
プロフェッショナルファーム
Mond Advisory
セルサイドDD等を支援
Mond弁護士法人
リーガルアドバイザーとして
法務関連実務を支援

買収候補①
コンソーシアム
ソレイユキャピタル
PEファンド
勇治
Executionの実務を担当
ヒノマル自動車販売
自動車ディーラー
はな　**大矢部長**
共同投資を提案。グローバル投資、
新規事業、カルチャー変革を主張
 ⊕ **DDアドバイザー**

買収候補②
はくたか銀行
北陸の地方銀行
東京支店が
バイサイドFAを担当
かがやきファンド
PEファンド
100%出資を提案
国内強化戦略を主張
 ⊕ **DDアドバイザー**

たろう　こうやってみると、いろんな方々が関わっていたんだなぁって思いますね

雅彦　これ以外にも、松岡内装の中で資料準備や質問回答を行ってくれた方や、ソレイユキャピタル・ヒノマル自動車販売コンソーシアムでDDアドバイザーとして関わってくれた方々がいるね。企業の在り方を大きく変革するM&Aは、その情報開示の制限性もあるけれど、多くの人が関わらないと実施できないんだ。

はな　そして、買収するのが私たちのコンソーシアムに決まったのよね！

勇治　こんな感じの絵になるかな？

〈キャラクター相関図（物語終了時）〉

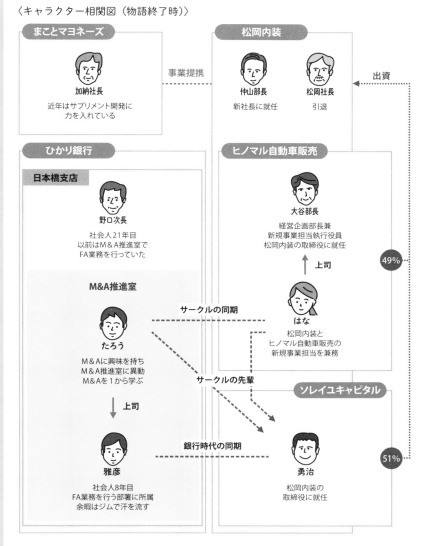

まことマヨネーズ

加納社長

近年はサプリメント開発に
力を入れている

········ 事業提携 ········

松岡内装

仲山部長

新社長に就任

松岡社長

引退

◄······· 出資

ひかり銀行

日本橋支店

野口次長

社会人21年目
以前はM&A推進室で
FA業務を行っていた

M&A推進室

たろう

M&Aに興味を持ち
M&A推進室に異動
M&Aを1から学ぶ

↓ 上司

雅彦

社会人8年目
FA業務を行う部署に所属
余暇はジムで汗を流す

ヒノマル自動車販売

大谷部長

経営企画部長兼
新規事業担当執行役員
松岡内装の取締役に就任

↑ 上司

········ サークルの同期 ········

はな

松岡内装と
ヒノマル自動車販売の
新規事業担当を兼務

49%

サークルの先輩

ソレイユキャピタル

········ 銀行時代の同期 ········

勇治

松岡内装の
取締役に就任

51%

はな

あれ、たろうが異動してる……

たろう

前に伝えた気がするんだけどなぁ。今度、M&A推進室に異動することが決まっ
たんだ。単純かもしれないけど、今回の件でM&Aに強い興味を持ったんだ。
自分もFAとして、お客様の新しい可能性を模索するM&Aという考えをもっと
広げていきたいと思ったんだよね

いいことじゃないか！

 一緒に仕事ができるのが楽しみだよ。さて、もう少し大きな話をすると、ヒノマル自動車販売が49％、ソレイユキャピタルが51％の株式を持ち松岡内装の親会社になったね

 そして、大矢さんと勇治先輩が松岡内装の取締役に就任して、私は新規事業担当として部分出向することになったんですよね

 あと、松岡社長は引退して、仲山さんが新社長になったんだよな

 なんだか、目まぐるしく変わっていきましたね……

 M&Aは、今までの姿からダイナミックに変わるのが醍醐味ともいえるからな。このダイナミックな変化を良い方向に進められるかどうか、これからが正念場だよ

 また新しいM&Aを検討するようなら、またぜひ声をかけてほしいな

 これからが正念場……。よし、「M&Aが終わった」なんて考えず、これからが「本当のM&A」だと思って、もう一度気を引き締めなきゃ！

 とはいえ、まだまだM&Aのことはわかったとはいえないや……。雅彦さんと勇治さん、これからもM&Aに関わるいろんなテーマについて教えてください！

 私も！

 もちろんさ

 実務を経ながら、しっかり学んでいきましょう！

2 そして、その後

　無事に松岡内装とソレイユキャピタル・ヒノマル自動車販売のM&Aが成立した。
　また、まことマヨネーズとの業務提携も進み、「アウトドア×生活」という視点で、移動、居住、食事、健康などをテーマに松岡内装とヒノマル自動車販売にとっての新規事業が始まっている。

　仲山新社長は精力的に事業を拡大させていく意向を示し、まことマヨネーズの加納社長とも頻繁に会っているようである。

　たろうはその後、社内公募に志願して、この4月に雅彦のいるM&A推進室への異動が決まった。
　そのうえ、直属の上司が雅彦になり、日々、鍛えられている。

　M&Aではタイミングや縁といった、自らがコントロールしづらい要素も結果へ大きな影響を及ぼす。

　M&Aに関係する専門家はさまざまな困難を乗り越え、M&Aが成功に向かうよう日々努力している。

　……雅彦とはなの関係については、まだ大きな進展はない様子である……

（つづく）

用語集

用語／読み方	概　要	
C	**CA** シーエー	Confidentiality Agreementの略。秘密保持契約を意味する。M&Aの検討自体や、対象会社から提供された機密情報などを、第三者に開示したり、目的外の使用をしないことを義務付けるために締結される契約。NDA（Non Disclosure Agreement）【*】と同義的に用いられる。
	CAGR シーエージーアール、 ケーガー	Compound average growth rateの略。年平均成長率のこと。初年度と最終年度の間に、毎年同じ比率で成長した場合の成長率を示す概念。
D	**DA** ディーエー	Definitive Agreement（最終契約）のこと。M&Aの形式によって株式譲渡契約（SPA）【*】や株主間契約等の種類があり、実質的にはM&Aプロセスを完了させる契約書類を総称する。
	Day 0 デイ・ゼロ	主にPMI【*】で用いられる語で、M&Aのプロセスにおける、DA【*】のこと。この日を基準にDay 1【*】に向けて、統合プランや100日プラン【*】を具体化していく。
	Day 1 デイ・ワン	PMI【*】において、クロージング【*】が実施された日のこと。統合プランや100日プラン【*】を遂行していく、PMIフェーズの初めのタイミング。
	DCF法 ディーシーエフほう	Discounted Cash Flow法の略。将来、対象企業（事業）が稼ぐお金を現在の価値に引き直すことで、今後その会社がどれほどの価値になるかを示す手法。将来稼ぐお金の総和がその企業・事業の価値であるという前提に立った考え方。
	DD ディーディー	Due Diligenceの略。デューデリジェンスのこと。対象会社の状況はどうか、想定外のリスクや瑕疵（かし）がないか等を調査・分析することで、M&Aにおいてはおよそ必須的に実施される。対象範囲はビジネス・財務・税務・法務等がある。
E	**EBIT** イービット	Earnings Before Interet and Taxesの略。支払利息や税金を差し引く前の段階の利益のこと。簡便的には、営業利益をEBITとすることが多い。M&Aにおいては企業の暫定的な実力・価値を見極める指標の1つ。
	EBITDA イービットディーエー、 イービッダー、 イビダー	Earnings Before Interets, Taxes and Depreciation and Amortizationの略。支払利息や税金、減価償却費を差し引く前段階の利益のこと。簡便的には、営業利益＋減価償却費をEBITDAとすることが多い。企業の経常的な収益力を示す指標として、企業間比較をする際や、簡易的にキャッシュフローを算出する際に用いられる。M&Aにおいては企業の暫定的な実力・価値を見極める指標の1つ。
	EV イーヴイ	Enterprise Valueの略。対象の企業・事業そのものが生み出す価値のこと。DCF法【*】やマルチプル法【*】等を用いて算出される。
	Execution エグゼキューション	M&Aの実行プロセスのこと。M&A対象会社へのデューデリジェンス（DD）【*】やValutation【*】、買収条件の交渉等が行われる。
F	**FA** エフエー	Financial Advisorの略。財務アドバイザーのこと。M&Aプロセスにおける実務全般に関して、主たるアドバイザーとして幅広いサポートをする役割を担う。
	FAS ファス、 ファズ	Financial Advisory Services のこと。M&Aにおける財務アドバイザー業務（FA）【*】やデューデリジェンス（DD）【*】、事業再生、インフラ関連アドバイザー、経営戦略やM&A戦略などの各種戦略策定支援、フォレンジック（不正調査）等のアドバイザリーサービスを提供するプロフェッショナルファームをいう。
	FCF エフシーエフ	フリーキャッシュフローの略。企業が営業活動を通じて得た利益のうち、必要なすべての費用等を差し引いた後に残った、使途の縛られない資金、すなわち、会社として自由に使えるお金を示すもの。
I	**IB** アイビー	Investment Bank（投資銀行）の総称。主な機能としては、IBDやECM（株式関連サービス）・DCM（債券関連サービス）が含まれる。特にM&A文脈の場合、資金調達やM&A等のアドバイザリーを提供する部門であるIBD（Investment Banking Division）を指すことが多い。
	IM アイエム	Information Memorandumのこと。ビット方式【*】において、初期段階で相手の候補先に対して、同一の売却対象事業情報を均一に開示し、プロセスを簡略化するために用いられる資料。NDA【*】締結後に、売り手側が開示する。買い手候補がLOI【*】の提出可否を判断する重要な情報となる。

用語／読み方	概　要
IRL アイアールエル	Information Request Listの略。売り手および対象会社に対して、買い手が開示を要求する資料の依頼リストのこと。
J　JV ジェーヴイ	Joint Ventureの略。アライアンス【*】の文脈においては、共通した目的の達成のため、他社と共同出資で新会社を設立すること、またそうして設立された企業のこと。
L　LA エルエー	Legal Advisorの略。法務アドバイザーのことであり、弁護士が務める。M&Aにおける法務的なアドバイスや、各種契約作成の支援を行う。
LBO エルビーオー	Leveraged Buyoutの略。買収資金の一部を借入で調達すること。株主資本のリターン（ROE）を高める、自己資金以上の金額で買収できる、等の効果に。
LOI エルオーアイ	Letter of Intentの略。意向表明書のこと。M&Aの大筋（取引金額や譲渡対象範囲、スキーム等）について、買い手から売り手に対して買収の意思を示すための書類。一部項目に対しては法的拘束力をもたせないことが多い。本文書の締結後に、MOU【*】を締結することが多いが、本文書を便宜的に基本合意書とすることもある。
M　MBO エムビーオー	Management Buy Outのこと。企業の経営陣が株主から自社の株式を買い取り、経営権を取得すること。必要資金の多さから、一般にLBO【*】を用いて実行される。
MOU エムオーユー	Memorandum of Understandingの略で、基本合意書のこと。DD【*】前に、M&Aの基本的な進め方やDD実施要項、想定価格や条件等を整理する目的で締結される合意で、法的拘束力をもたせないケースが多い。本書面の締結により、M&AのExecution【*】に進み、DDやValuation【*】が開始される。
N　NDA エヌディーエー	Non Disclosure Agreementの略。>>CA
Non Access DD ノンアクセスディー ディー	一般に公開されている情報のみで実施するDD【*】のこと。LOI【*】提出を目的とした場合の初期段階での調査や、敵対的買収などでDD協力を得られない場合に実施される。エクスターナルDDとも呼ばれる。
NPV エヌピーヴイ	Net Present Valueの略。対象企業（事業）から将来的に生み出されると想定されるキャッシュフローを、現在の価値に割り引いたもの。投資意思決定における参考指標として用いられる。
P　PMI ピーエムアイ	Post Merger Integrationの略。M&Aのクロージング【*】実行後の統合プロセスを指す。具体的には契約締結のタイミングをDay 0【*】、クロージング【*】が実行されたタイミングをDay1【*】と呼び、以降より詳細な統合プロセスに入っていく。
Pre M&A プレエムアンドエー、 プレエムエー	M&Aを検討するうえでの最初のプロセスのこと。具体的にはMOU【*】締結前のことで、バイサイド【*】であれば、M&Aの目的明確化（=M&A戦略）、M&A対象企業の選定・初期的コンタクト等を指し、セルサイド【*】であれば、売却目的の明確化、初期的Valuation【*】、IM【*】作成等を指す。
Q　Quick Hits クイックヒット	シナジー【*】のうち、買収完了後、早期に実現可能と考えられる施策効果のこと。クイックウィンとも。
S　SPA エスピーエー	Stock Purchase Agreement、またはShare Purchase Agreementの略。株式売買契約書（株式譲渡契約書）のこと。最終契約（DA）【*】のタイミングで実際に締結される契約書。
T　TAS タス、タズ	Transaction Advisory Serviceのこと。>>FAS
TOB ティーオービー	Take Over Bitの略。主に上場企業の株式を多数取得するために、証券市場外で「期間」「価格」「目標株数」などを公示し、不特定多数の株主から株式を買いとる手法。公開買いつけとも。
V　Valuation バリュエーション	企業価値を算定すること。投資で期待される価値や、事業の価値を算定し、投資可否の判断や投資金額の決定などに活用する。
VDR ヴイディーアール	Virtual Data Roomの略。売り手から買い手への資料開示のプロセスを円滑にするソリューションのこと。重要機密資料等をやり取りする際に、立入者を絞って閲覧などするために取り決めた部屋であるデータルームを、バーチャル環境で使用できるようにしたもの。

	用語／読み方	概　要
W	WACC ワック	Weighted Average Cost of Capitalの略。加重平均資本コストのこと。株式による調達（自己資本）と借入による調達（他社資本）を加重平均することで、対象会社が調達する資本のコストを示したもの。DCF法【*】において将来稼ぐお金を現在の価値に割り戻す際の割引率【*】として用いられる。
あ	相対方式	売り手と買い手候補が、1対1での取引・交渉でM&Aの実行を検討する方式。
	アライアンス	共通した目的の達成に向けて、他社と協働体制を構築すること。社外の知見・資産を用いた戦略目的達成という意味で、M&Aと並んで検討される。代表的な手法として、業務提携や資本業務提携、JV【*】設立などがある。
	インサイダー取引規制	上場会社やその子会社に関する重要事実やTOB【*】等の事実を知った者（会社関係者や公開買付者等関係者、情報受領者等）が、当該重要事実が公表される前に株式等の売買等や買付け・売付け等を禁止する規制のこと。
か	株式価値	その企業において、株主に帰属する価値のこと。 以下の関係が成り立つ。 株式価値＝事業価値＋非事業価値（営業外資産）－有利子負債 株式価値＝企業価値－有利子負債 なお、上場企業の場合、「株価×株式数」で計算される。
	ガン・ジャンピング規制	M&Aの手続きが完了する前に行ってはいけない行為への規制のこと。主要な論点として、競争法におけるカルテルの可能性排除などが挙げられるが、実務においては、業界特有の規制や細かな規制動向に関して、弁護士と連携しながら確認することになる。陸上競技でフライングを示す語に由来。
	企業価値	その企業による活動全体の価値のこと。 以下の関係が成り立つ。 企業価値＝事業価値＋非事業価値（営業外資産） 企業価値＝株式価値＋有利子負債
	クロージング	DA【*】として締結した契約に基づき、実際に株式譲渡などを実行すること。クロージングを行うための条件については、クロージング条項やクロージング要件という。
さ	サイトビジット	対象会社の実態を実際に目で確かめるため、対象会社の事業拠点（工場やコールセンター等）を訪問・視察すること。
	事業価値	>>EV
	シナジー	M&Aなどの結果、他社との協業・統合などにより、新たに創出される価値向上効果のこと。特に、単独で事業をする場合よりも価値が増加することを指す。反対に、価値が低下することをディスシナジーという。
	修正事業計画	主にビジネスDD【*】において、各種DDでの検出事項を統合し作成される、売却対象会社の事業計画を、蓋然性が認められる水準で修正したもの。Valuation【*】実施の基礎となる。
	ショートリスト	ロングリスト【*】に対して、基準となるM&A戦略や、各社の初期的情報をもとに、さらに一定の条件で絞り込んだ候補企業リストのこと。
	ストラテジックバイヤー	市場シェア拡大やバリューチェーン補完、新規事業参入などの事業戦略の実現を目的とした買い手のこと。事業会社等が該当。
	セルサイド	M&Aにおいて、売り手側のこと。売却対象会社、統合対象会社、および当該株式を保有している売り主が該当する。
た	ティーザー	売却対象会社および当該取引の最低限の概要を、匿名で記載した資料のこと。売り手側のFAが、買い手候補への検討打診をする際に使用する。ノンネームシートと同義。
	ディール	M&Aの実行に向けた、取引全般のこと。
	ディールブレイカー	M&A取引の破談につながるような好ましくない事項のこと。対象会社の実態や法的、コンプライアンス的事項などが挙がりやすい。例：株主変更によって取引契約が解消されてしまう等

用語／読み方	概 要
敵対的買収	一般に、対象会社の経営陣との同意のないまま、買収を仕掛けること。あるいはそうして仕掛けられた取引。
デューデリジェンス	>>DD
な ノンネームシート	>>ティーザー
は バイサイド	M&Aにおける買い手側のこと。売却対象会社を買収するため、売り主である売り手企業と取引する買い手企業が該当する。
バリュエーション	>>Valuation
ビット方式	複数の買い手候補からのオファーを募集し、同時並行的に進めて最も取引条件がいい相手を選出する方式。入札方式ともいう。
フィナンシャルバイヤー	配当や、株式価値の上昇等を通じた財務的なリターンの最大化を目的とした買い手のこと。投資ファンドやベンチャーキャピタル等が該当。
ブレイク	検討を進めていたM&Aのディール【*】が、何らかの理由で破談となること。
ベータ（β）	その企業の株価の推移と、市場における株価の推移の連動性を示す指標。市場全体の動きを1とした時の振れ幅を示す。その意味合いは業界や企業ステージ等異なるが、一般に、1より低くなると市場の動きに対して安定的、1より高くなると、市場よりも頻繁に値動きしていると考えられる。加重平均資本コスト（WACC）【*】の計算等で用いる。
ま マネジメントインタビュー	DD【*】などで実施される、対象会社の経営層や重要な人材に対して行うインタビューのこと。マネインとも。財務数値や書面情報だけでは把握しきれない、対象会社の定性情報を収集するために行われる。
マネジメントプレゼンテーション	売り手側が買い手からのオファーを受けるために、売却対象会社の事業計画や強み、課題等を買い手候補へ説明することを指す。売り手主導のM&A案件で実施される。
マルチプル法	対象企業と類似する上場会社の財務指標や、企業価値などをもとにして、評価したい会社の価値を算定する方法。仮に対象企業が上場した際、上場企業と同等に評価されたという前提に立った考え方。
わ 割引率	DCF法【*】において、対象企業・事業が将来稼ぐお金を、現在の価値に割り戻す際に用いる割合。

◇著者紹介◇

松田 克信（まつだ かつのぶ）

株式会社ばんそう 代表取締役

　銀行にてキャリアをスタートし、その後、コンサルティング業界に移り「経営」「事業」「M&A」を軸としたコンサルティング業務に従事。

　外資系戦略コンサルティング会社、外資系総合コンサルティング会社、外資系財務アドバイザリーファーム、日系シンクタンク戦略コンサルティングチームなどで、幅広い業種のクライアントに対し、中期経営計画策定支援、新規事業創出支援、IT戦略策定支援、デジタル化推進支援、サステナビリティ戦略策定支援、管理会計制度構築支援、ビジネスデューデリジェンスなどのプロジェクトをリード。

　2022年4月に、地方創生、中堅中小企業支援を目的に、株式会社ばんそうを創業。

　事業再生、FinTech、M&A、リスク管理関連での講演、執筆も多数。

　大阪大学基礎工学部生物工学科卒。

M&A Booklet

いまさら聞けない M&Aってなに？
　"たろう"と"はな"が学ぶM&Aの基礎❶

2024年6月25日　第1版第1刷発行

著　者　松　田　克　信
発行者　山　本　　　継
発行所　㈱中央経済社
発売元　㈱中央経済グループ
　　　　パブリッシング

〒101-0051　東京都千代田区神田神保町1-35
電話　03（3293）3371（編集代表）
　　　03（3293）3381（営業代表）
https://www.chuokeizai.co.jp
印刷・製本　文唱堂印刷㈱

ⒸＣ 2024
Printed in Japan

＊頁の「欠落」や「順序違い」などがありましたらお取り替えいたしますので発売元までご送付ください。（送料小社負担）
ISBN978-4-502-48301-1　C3334